El contenido de la obra ha sido desarrollado exclusivamente por los miembros del equipo de **Time of Software**.

Primera edición

Para más información visita:
www.timeofsoftware.com
www.aprendeenunfindesemana.com

# TABLA DE CONTENIDO

¡Bienvenid@ al libro "Python avanzado en un fin de semana"!

Habéis sido muchos los que desde que publicamos el libro "Aprende Python en un fin de semana" nos habéis escrito para pedirnos que publicásemos una continuación del libro, con conocimientos más avanzados, pero con la misma mecánica de aprendizaje.

Además de pedirnos una continuación del libro, todos habéis puesto de manifiesto que nuestro método de aprendizaje funciona, que aprender conceptos complejos de forma práctica, utilizando un enfoque con complejidad progresiva y hacerlo con una guía que incluya todas las píldoras teóricas necesarias para entenderlos, **funciona**.

Gracias de nuevo, porque si estáis aquí es porque habéis confiado en nosotros para seguir aprendiendo a programar y seguir aprendiendo Python.

En el libro vais a encontrar una serie de objetivos que van desde aprender estructuras de datos específicas hasta aprender a utilizar bases de datos o programación paralela.

Esperamos que te diviertas, que aprendas y que puedas utilizar estos conocimientos en tus proyectos.

¡Empecemos!

Antes de empezar a trabajar con el contenido del libro te vamos a contar lo que necesitas instalar en tu ordenador para poder realizar todos los ejercicios que se explican, de este modo evitarás interrupciones durante el proceso de aprendizaje.

Lo primero que debes instalar es el programa que utilizarás para hacer todos los ejercicios, el *IDLE* de Python. Puedes descargarlo de https://www.python.org/downloads/ seleccionando el sistema operativo que tengas, aunque de forma automática la página detecta el sistema operativo que estás utilizando y te añade un botón para descargarlo en la parte superior de la página.

En uno de los objetivos y el proyecto final trabajaremos con bases de datos, concretamente con SQLite, para ello vas a tener que instalar un aplicativo que te permitirá visualizar e interactuar con la base de datos de forma gráfica, *DB Browser for SQLite*. Puedes descargarlo de https://sqlitebrowser.org/dl/ seleccionando la versión del sistema operativo que tengas en tu ordenador.

¡Eso es todo!

El libro está escrito para ayudarte a aprender conceptos avanzados de programación con Python, de forma rápida, sencilla y con un enfoque práctico, siguiendo el patrón que utilizamos en el primer libro.

Los temas tratados en el libro están seleccionados de forma cuidadosa y ordenados de tal forma que se facilita el aprendizaje progresivo de todos los conceptos que se explican.

El libro tiene un claro enfoque práctico, con multitud de ejemplos que te permitirán afianzar todos los conocimientos teóricos que te explicamos.

Veamos cómo está organizado el libro.

## ORGANIZACIÓN

El libro está dividido en **once Objetivos** diferentes y en **un Proyecto final**.

Los **Objetivos** tienen dificultad incremental. A medida que se va avanzando se van adquiriendo nuevos conocimientos de mayor complejidad que los anteriores. Los Objetivos están compuestos por diferentes ejercicios que llamaremos Fases. En cada Objetivo, antes de empezar, se explican todos los conceptos teóricos que se utilizarán en todas las Fases que lo componen.

Una **Fase** es un conjunto de ejercicios que profundizan en un área de conocimiento dentro del Objetivo. En cada Fase se especifica el código fuente junto con su explicación, además, se incluye un ejemplo de ejecución del código fuente.

Un **Proyecto** es un ejercicio de dificultad media/alta que tiene como objetivo afianzar los conocimientos aprendidos en los objetivos anteriores. El Proyecto es un ejercicio extenso y totalmente diferente a los ejercicios realizados en las fases de los objetivos.

## DISTRIBUCIÓN DEL FIN DE SEMANA

El método de aprendizaje ha sido diseñado y optimizado para realizarlo en un fin de semana. Obviamente, el tiempo de aprendizaje puede verse modificado ligeramente por los conocimientos previos que tengas.

La secuencia de aprendizaje recomendada que debes seguir para alcanzar el objetivo es la siguiente:

En este primer objetivo vamos a explicarte los métodos propios que tienen las listas y que añaden funcionalidades muy útiles a la hora de trabajar con ellas.

El objetivo está compuesto por únicamente una fase, en la que aprenderás a utilizar los métodos propios de las listas.

## CONCEPTOS TEÓRICOS

En este apartado vamos a explicarte los conceptos teóricos necesarios para aprender a manejar los diferentes métodos propios que tienen las listas.

### MÉTODOS PROPIOS DE LAS LISTAS

Las listas en Python poseen una serie de métodos que permiten realizar operaciones complejas de forma sencilla y con una simple instrucción. La gran mayoría de métodos siguen el siguiente patrón:

*Lista.NombreMétodo(Parámetros)*

Veamos en detalle cada una de las partes:
- **Lista**: lista que ejecuta el método.
- **NombreMétodo**: nombre del método que se quiere ejecutar.
- **Parámetros**: no todos los métodos tienen parámetros para ejecutarse, esta parte es dependiente del método que se quiere ejecutar.

En los ejercicios de la fase iremos aprendiendo los diferentes métodos que tenemos disponibles.

### FASE 1: LISTA

La primera y única fase del objetivo consiste en aprender a utilizar los diferentes métodos propios que poseen las listas.

El primer ejercicio consiste en aprender los métodos propios *sort*, *reverse*, *count* e *index*. Veámoslos en detalle:

**sort**
Método que realiza la ordenación de la lista si es posible realizarla. Por defecto la ordenación es ascendente, en caso de querer una ordenación descendente hay que indicarlo por parámetro al método (*reverse=true*).

**reverse**
Método que invierte el orden de la lista.

**count**
Método que cuenta el número de veces que aparece un elemento en la lista y lo devuelve como resultado de la ejecución de este. El método recibe como parámetro el elemento a contar.

**index**
Método que devuelve la posición de la primera ocurrencia en la lista del elemento pasado como parámetro (parámetro obligatorio). Por defecto, la búsqueda de la primera ocurrencia se realiza recorriendo la lista de izquierda a derecha (de la posición 0 a las superiores). El método tiene además dos parámetros opcionales, el primero se utiliza para indicar en qué posición empezar a buscar y el segundo para indicar en qué posición terminar de buscar.

El código fuente del primer ejercicio es el siguiente:

```
lista = [324,367,876,8,9,9045,777,9,456,34,65]
print("Lista original: ", lista)
lista.sort()
print("Lista ordenada: ", lista)
lista.reverse()
print("Lista ordenada al revés: ", lista)
print("Número de elementos 9: ",lista.count(9))
print("Posición del elemento 777: ",lista.index(777))
```

La siguiente imagen muestra un ejemplo de ejecución del código fuente anterior:

```
=============== RESTART: /Users/alfre/Desktop/Ejercicios/1-1-1.py ===============
Lista original:  [324, 367, 876, 8, 9, 9045, 777, 9, 456, 34, 65]
Lista ordenada:  [8, 9, 9, 34, 65, 324, 367, 456, 777, 876, 9045]
Lista ordenada al revés:  [9045, 876, 777, 456, 367, 324, 65, 34, 9, 9, 8]
Número de elementos 9:  2
Posición del elemento 777:  2
```

El segundo ejercicio consiste en aprender los métodos propios *extend* y *clear*. Veámoslos en detalle:

## extend

Método que añade elementos de una lista a la lista que ejecuta el método, obteniendo como resultado una lista compuesta por la unión de los elementos de ambas listas.

## clear

Método que elimina todos los elementos de la lista.

Además de aprender los métodos *extend* y *clear* aprenderás a utilizar el método *sort* con el parámetro para ordenar de forma descendente (*reverse=True*).

El código fuente del ejercicio es el siguiente:

```
lista = [324,367,876,8,9,9045,777,9,456,34,65]
print("Lista original: ", lista)
listaextend = [1,5,87,45]
lista.extend(listaextend)
print("Lista después de extend: ",lista)
lista.sort(reverse=True)
print("Lista ordenada al revés: ", lista)
lista.clear()
print("Lista después de clear: ", lista)
```

La siguiente imagen muestra un ejemplo de ejecución del código fuente anterior:

```
============== RESTART: /Users/alfre/Desktop/Ejercicios/1-1-2.py ==============
Lista original:  [324, 367, 876, 8, 9, 9045, 777, 9, 456, 34, 65]
Lista después de extend:  [324, 367, 876, 8, 9, 9045, 777, 9, 456, 34, 65, 1, 5, 87, 45]
Lista ordenada al revés:  [9045, 876, 777, 456, 367, 324, 87, 65, 45, 34, 9, 9, 8, 5, 1]
Lista después de clear:  []
```

El tercer ejercicio consiste en aprender los métodos propios *append*, *insert*, *remove* y *pop*. Veámoslos en detalle:

## append

Método que añade el elemento pasado como parámetro a la lista, obteniendo como resultado la lista con el elemento añadido. El elemento puede ser de cualquier tipo de dato.

## insert

Método que añade en la posición de la lista indicada por el primer parámetro el elemento pasado como segundo parámetro, obteniendo como resultado la lista con el elemento añadido en la posición indicada. El elemento que ocupe esa posición y los de posiciones superiores serán desplazados hacia la derecha dentro de la lista.

**remove**

Método que elimina la primera ocurrencia empezando por la izquierda (índice 0) de la lista del elemento indicado como parámetro. En caso de no encontrar el elemento, la función devolverá un error.

**pop**

Método que elimina un elemento de la lista y lo devuelve como resultado de la operación. Es decir, la lista es modifica eliminando el elemento que es retornado por el método. El método tiene un parámetro opcional para indicar el elemento a borrar, en caso de no indicar el elemento la operación se realizará sobre el último elemento de la lista.

El código fuente del ejercicio es el siguiente:

```
lista = [324,367,876,8,9,9045,777,9,456,34,65]
print("Lista original: ", lista)
lista.append(54)
lista.append(876)
print("Lista después de usar append: ", lista)
lista.insert(4,111)
lista.insert(8,683)
print("Lista después de insert: ",lista)
lista.sort()
print("Lista ordenada: ", lista)
lista.remove(9)
print("Lista después de remove: ", lista)
numerodevuelto = lista.pop()
print("Valor devuelto por pop: ",numerodevuelto)
print("Lista después de pop sin parámetro: ", lista)
numerodevuelto = lista.pop(3)
print("Valor devuelto por pop: ",numerodevuelto)
print("Lista después de pop del 34: ", lista)
```

La siguiente imagen muestra un ejemplo de ejecución del código fuente anterior:

```
===================== RESTART: /Users/alfre/Desktop/Ejercicios/1-1-3.py =====================
Lista original:  [324, 367, 876, 8, 9, 9045, 777, 9, 456, 34, 65]
Lista despues de usar append:  [324, 367, 876, 8, 9, 9045, 777, 9, 456, 34, 65, 54, 876]
Lista despues de insert:  [324, 367, 876, 8, 111, 9, 9045, 777, 683, 9, 456, 34, 65, 54, 876]
Lista ordenada:  [8, 9, 9, 34, 54, 65, 111, 324, 367, 456, 683, 777, 876, 876, 9045]
Lista despues de remove:  [8, 9, 34, 54, 65, 111, 324, 367, 456, 683, 777, 876, 876, 9045]
Valor devuelto por pop:  9045
Lista despues de pop sin parametro:  [8, 9, 34, 54, 65, 111, 324, 367, 456, 683, 777, 876, 876]
Valor devuelto por pop:  54
Lista despues de pop del 34:  [8, 9, 34, 65, 111, 324, 367, 456, 683, 777, 876, 876]
```

## AHORA ERES CAPAZ DE...

En este primer objetivo has adquirido los siguientes conocimientos:

- Utilización de métodos propios de las listas.

En este segundo objetivo vamos a explicarte los métodos propios que tienen los diccionarios y que añaden funcionalidades muy útiles a la hora de trabajar con ellos.

El objetivo está compuesto por únicamente una fase, en la que aprenderás a utilizar los métodos propios de los diccionarios.

## CONCEPTOS TEÓRICOS

En este apartado vamos a explicarte los conceptos teóricos necesarios para aprender a manejar los diferentes métodos propios que tienen los diccionarios.

### MÉTODOS PROPIOS DICCIONARIOS

Los diccionarios en Python poseen una serie de métodos que permiten realizar operaciones complejas de forma sencilla y con una simple instrucción. La gran mayoría de métodos siguen el siguiente patrón:

*Diccionario.NombreMétodo(Parámetros)*

Veamos en detalle cada una de las partes:
- **Diccionario**: diccionario que ejecuta el método.
- **NombreMétodo**: nombre del método que se quiere ejecutar.
- **Parámetros**: no todos los métodos tienen parámetros para ejecutarse, esta parte es dependiente del método que se quiere ejecutar.

En los ejercicios de la fase iremos aprendiendo los diferentes métodos que tenemos disponibles.

### FASE 1: DICCIONARIOS

La primera y única fase del objetivo consiste en aprender a utilizar los diferentes métodos propios que poseen los diccionarios.

El primer ejercicio consiste en aprender los métodos propios *copy*, *clear*, *pop* y *popitem*. Veámoslos en detalle:

## copy
Método que realiza una copia del diccionario y lo devuelve como resultado de la ejecución.

## clear
Método que eliminar todos los elementos del diccionario.

## pop
Método que obtiene el valor de la clave indicada como parámetro y que elimina dicho elemento del diccionario. Es decir, elimina el elemento del diccionario y lo devuelve como resultado de la operación. En caso de no encontrar la clave devolverá un error.

## popitem
Método que realiza la misma funcionalidad que el método *pop* pero sobre un elemento aleatorio del diccionario.

El código fuente del ejercicio es el siguiente:

```
numerosingles = {"Uno" : "One",
               "Dos" : "Two",
               "Tres" : "Three",
               "Cuatro" : "Four",
               "Cinco" : "Five"}
print("Diccionario original: ",numerosingles)
diccionariocopia = numerosingles.copy()
print("Diccionario copia: ",diccionariocopia)
diccionariocopia.clear()
print("Diccionario copia después del clear: ",diccionariocopia)
print("Valor del cuatro (pop): ", numerosingles.pop("Cuatro"))
print("Diccionario después del pop: ",numerosingles)
print("Elemento al azar con popitem: ", numerosingles.popitem())
print("Diccionario después del popitem: ",numerosingles)
```

La ejecución del código fuente anterior tendrá la siguiente salida:

```
===================== RESTART: /Users/alfre/Desktop/Ejercicios/2-1-1.py =====================
Diccionario original:  {'Uno': 'One', 'Dos': 'Two', 'Tres': 'Three', 'Cuatro': 'Four', 'Cinco': 'Five'}
Diccionario copia:  {'Uno': 'One', 'Dos': 'Two', 'Tres': 'Three', 'Cuatro': 'Four', 'Cinco': 'Five'}
Diccionario copia despues del clear:  {}
Valor del cuatro (pop):  Four
Diccionario después del pop:  {'Uno': 'One', 'Dos': 'Two', 'Tres': 'Three', 'Cinco': 'Five'}
Elemento al azar con popitem:  ('Cinco', 'Five')
Diccionario después del popitem:  {'Uno': 'One', 'Dos': 'Two', 'Tres': 'Three'}
```

El segundo ejercicio consiste en aprender los métodos propios *get*, u*pdate* y *setdefault*. Veámoslos en detalle:

## get
Método que devuelve el valor de la clave pasada como parámetro (obligatorio). El método posee un segundo parámetro opcional para indicar

13

qué devolver en caso de no encontrar la clave en el diccionario, por defecto el valor que se devuelve es "*None*".

## update
Método que une el diccionario pasado como parámetro al diccionario que ejecuta el método. En caso de que el diccionario pasado como parámetro contenga elementos con las mismas claves que el que ejecuta el método, los elementos del diccionario resultante serán aquellos del diccionario pasado como parámetro. Los elementos que no existen serán añadidos como nuevos elementos.

## setdefault
Método que intenta insertar un elemento en el diccionario si no existe en el diccionario. En caso de existir el elemento lo que hace únicamente el método es devolver el valor del elemento existente en el diccionario.

El código fuente del ejercicio es el siguiente:

```
numerosingles = {"Uno" : "One",
        "Dos" : "Two",
        "Tres" : "Three",
        "Cuatro" : "Four",
        "Cinco" : "Five"}
print("Diccionario original: ",numerosingles)
print("Valor del tres (get): ",numerosingles.get("Tres"))
print("Valor del Seis (get) (no existe): ",numerosingles.get("Seis"))
print("Valor del Seis (get) (no existe): ",numerosingles.get("Seis","No existe"))
numerosingles.update({"Seis":"Six","Tres":"ThreeNUEVO"})
print("Diccionario después del update: ",numerosingles)
print("setdefault del Siete: ",numerosingles.setdefault("Siete","Seven"))
print("Diccionario después del setdefault (nuevo elemento): ",numerosingles)
print("setdefault del Cinco: ",numerosingles.setdefault("Cinco","FiveNUEVO"))
print("Diccionario después del setdefault (elemento existente): ",numerosingles)
```

La ejecución del código fuente anterior tendrá la siguiente salida:

```
======================= RESTART: /Users/alfre/Desktop/Ejercicios/2-1-2.sy =======================
Diccionario original:  {'Uno': 'One', 'Dos': 'Two', 'Tres': 'Three', 'Cuatro': 'Four', 'Cinco': 'Five'}
Valor del tres (get):  Three
Valor del Seis (get) (no existe):  None
Valor del Seis (get) (no existe):  No existe
Diccionario despues del update:  {'Uno': 'One', 'Dos': 'Two', 'Tres': 'ThreeNUEVO', 'Cuatro': 'Four', 'Cinco': 'Five', 'Seis': 'Six'}
setdefault del Siete:  Seven
Diccionario despues del setdefault (nuevo elemento):  {'Uno': 'One', 'Dos': 'Two', 'Tres': 'ThreeNUEVO', 'Cuatro': 'Four', 'Cinco': 'Five', 'Seis': 'Six', 'Siete': 'Seven'}
setdefault del Cinco:  Five
Diccionario despues del setdefault (elemento existente):  {'Uno': 'One', 'Dos': 'Two', 'Tres': 'ThreeNUEVO', 'Cuatro': 'Four', 'Cinco': 'Five', 'Seis': 'Six', 'Siete': 'Seven'}
```

El tercer ejercicio consiste en aprender los métodos propios *items*, *keys* y *values*. Veámoslos en detalle:

## items
Método que devuelve un objeto iterable compuesto por todos los elementos del diccionario.

14

## keys
Método que devuelve un objeto iterable compuesto por todas las claves de los elementos del diccionario.

## values
Método que devuelve un objeto iterable compuesto por todos los valores de los elementos del diccionario.

El código fuente del ejercicio es el siguiente:

```
numerosingles = {"Uno" : "One",
        "Dos" : "Two",
        "Tres" : "Three",
        "Cuatro" : "Four",
        "Cinco" : "Five"}
print("Elemento iterable (items): ",numerosingles.items())
print("Elemento iterable (claves): ",numerosingles.keys())
print("Elemento iterable (valores): ",numerosingles.values())
```

La ejecución del código fuente anterior tendrá la siguiente salida:

```
============================== RESTART: /Users/alfre/Desktop/Ejercicios/2-1-3.py ==============================
Elemento iterable (items):  dict_items([('Uno', 'One'), ('Dos', 'Two'), ('Tres', 'Three'), ('Cuatro', 'Four'), ('Cinco', 'Five')])
Elemento iterable (claves):  dict_keys(['Uno', 'Dos', 'Tres', 'Cuatro', 'Cinco'])
Elemento iterable (valores):  dict_values(['One', 'Two', 'Three', 'Four', 'Five'])
```

## AHORA ERES CAPAZ DE...

En este segundo objetivo has adquirido los siguientes conocimientos:
*   Utilización de métodos propios de los diccionarios.

En este tercer objetivo vamos a explicarte qué es la recursividad y cómo puedes utilizarla.

El objetivo está compuesto por una única fase en la que realizarás varios ejercicios para aprender a utilizarla.

## CONCEPTOS TEÓRICOS

En este apartado vamos a explicarte los conceptos teóricos necesarios para que entiendas qué es la recursividad y aprendas a utilizarla en tus programas.

### RECURSIVIDAD

En el libro anterior te explicamos qué eran las funciones, te lo recordamos: son un conjunto de instrucciones que realiza algo concreto y que puede ser utilizada desde el código fuente que escribes tantas veces como necesites. Desde un punto de vista simple, la recursividad es una función que se llama a si misma durante su ejecución.

El funcionamiento de las funciones recursivas se basa en la división de tareas en subtareas de menor tamaño que facilitan abordar el problema de forma más sencilla para poder solucionarlo. Básicamente, la función se va llamando a si misma con problemas/valores más pequeños hasta llegar a un punto que no puede llamarse de nuevo ya que el problema/valores a resolver son demasiados pequeños.

Un algoritmo recursivo tiene dos casos diferentes de ejecución: el caso base y el caso recursivo.

- **Caso base:** nos permitirá terminar la función en algún momento. Su objetivo es que se dejen de realizar llamadas recursivas de forma infinita.
- **Caso recursivo:** caso de ejecución en el que la función se llama de nuevo a si misma con problemas/valores más pequeños y que la acercan al caso base. Cada llamada recursiva que se haga implicará que se está más cerca de llegar al caso base del algoritmo recursivo.

Un error común cuando se empieza a trabajar con recursividad es no identificar bien ambos casos y crear funciones recursivas que entran en un estado de llamadas infinitas, para ello, te aconsejamos que pienses muy bien primero en el caso base y cómo alcanzarlo mediante la ejecución del caso recursivo.

## FASE 1: RECURSIVIDAD

La primera y única fase del objetivo consiste en aprender a utilizar la recursividad mediante una serie de ejercicios.

El primer ejercicio de la fase consiste en la implementación utilizando recursividad del cálculo de la factorial de un número. El calculo de la factorial de un número se realiza mediante la multiplicación de todos los números que van desde el número 1 hasta el número del que se quiere calcular la factorial. Veamos un ejemplo:

La factorial de 4 sería: 4 * 3 * 2 * 1 = 24.

El código fuente del ejercicio es el siguiente:

```
def Factorial(numero):
    if numero == 1:
        return 1
    else:
        return numero * Factorial(numero-1)

factorial = int(input("Número a calcular el factorial: "))
print("Resultado: " + str(Factorial(factorial)))
```

La función *Factorial* incluye tanto el caso base, el valor del que hay que calcular la factorial es 1, como el caso recursivo, el valor es mayor que uno.

La siguiente imagen muestra un ejemplo de ejecución del código fuente anterior:

```
=============== RESTART: /Users/alfre/Desktop/Ejercicios/3-1-1.py ==============
Número a calcular el factorial: 6
Resultado: 720
```

El segundo ejercicio de la fase consiste en la implementación utilizando recursividad del cálculo del máximo común divisor de dos números. El máximo común divisor de dos números es el número de mayor valor que puede dividir a ambos números teniendo como resto 0. El código fuente del ejercicio es el siguiente:

```
def mcd(numero1,numero2):
    if numero2 == 0:
        return numero1
    elif numero1 == 0:
```

```
    return numero2
else:
    if numero1>numero2:
        return mcd(numero1-numero2, numero2)
    else:
        return mcd(numero1, numero2-numero1)

numeroleido1 = int(input("Primer número para calcular el MCD: "))
numeroleido2 = int(input("Segundo número para calcular el MCD: "))
print("Resultado MCD: " + str(mcd(numeroleido1,numeroleido2)))
```

La función *mcd* incluye tanto el caso base, cualquiera de los dos números es 0, como el caso recursivo, que ejecutará la recursividad con nuevos valores basados en el valor de ambos números para calcularlos. Fíjate en los valores que se van pasando en el caso recursivo, dependiendo del valor que contengan ambos números se pasan unos valores u otros.

La siguiente imagen muestra un ejemplo de ejecución del código fuente anterior:

```
=============== RESTART: /Users/alfre/Desktop/Ejercicios/3-1-2.py ==============
Primer número para calcular el MCD: 364
Segundo numero para calcular el MCD: 256
Resultado MCD: 4
```

El tercer ejercicio de la fase consiste en la implementación utilizando recursividad del cálculo de la potencia de un número. Calcular la potencia de un número es realizar la multiplicación de un número por sí mismo el número de veces que indica el exponente de la potencia. Veamos un ejemplo:

El valor de $2^8$ es el resultado de multiplicar 8 veces 2: 256.

El código fuente es el siguiente:

```
def Potencia(base,exponente):
    if exponente <= 0:
        return 1
    else:
        return base * Potencia(base,exponente-1)

base = int(input("Base de la potencia: "))
exponente = int(input("Exponente de la potencia: "))
print("Resultado: " + str(Potencia(base,exponente)))
```

La función *Potencia* incluye tanto el caso base, cuando el exponente es menor o igual que cero, como el caso recursivo, cuando el exponente es mayor o igual que 1.

18

La siguiente imagen muestra un ejemplo de ejecución del código fuente:

```
=============== RESTART: /Users/alfre/Desktop/Ejercicios/3-1-3.py ==============
Base de la potencia: 9
Exponente de la potencia: 4
Resultado: 6561
```

El cuarto ejercicio de la fase consiste en la implementación utilizando recursividad de la suma de los primeros N elementos de una lista. El código fuente es el siguiente:

```
def SumarVector(vector,elemento):
    if elemento == 0:
        return vector[elemento]
    else:
        return SumarVector(vector,elemento-1)+vector[elemento]

vectorenteros = [1,2,3,4,5,6,7,8,9]
print("Vector de enteros: ", vectorenteros)
elementosasumar = int(input("¿Cuántos elementos quieres sumar?: "))
if (elementosasumar > 0) & (elementosasumar <= len(vectorenteros)):
    print("Resultado: ",SumarVector(vectorenteros,elementosasumar-1))
else:
    print("ERROR: El número de elementos a sumar es erróneo")
```

La función *SumarVector* incluye tanto el caso base, cuando el valor del número de elementos a sumar es 0 (ya no quedan más elementos a sumar), como el caso recursivo, cuando todavía quedan elementos por sumar.

La función va sumando los elementos basándose en la posición que indica el parámetro elemento. Primero sumará el valor en la posición *elemento*, después en la posición *elemento-1*, después *elemento-2...*

La siguiente imagen muestra un ejemplo de ejecución del código fuente:

```
=============== RESTART: /Users/alfre/Desktop/Ejercicios/3-1-4.py ==============
Vector de enteros:  [1, 2, 3, 4, 5, 6, 7, 8, 9]
¿Cuántos elementos quieres sumar?: 9
Resultado:  45
```

La siguiente imagen muestra un ejemplo en el que se introducen más elementos a sumar de los que tiene el vector:

```
=============== RESTART: /Users/alfre/Desktop/Ejercicios/3-1-4.py ==============
Vector de enteros:  [1, 2, 3, 4, 5, 6, 7, 8, 9]
¿Cuántos elementos quieres sumar?: 10
ERROR: El número de elementos a sumar es erróneo
```

## AHORA ERES CAPAZ DE...

En este tercer objetivo has adquirido los siguientes conocimientos:
- Utilización de la recursividad en funciones.

En este cuarto objetivo vamos a explicarte qué son las pilas y cómo puedes utilizarlas. Es muy importante que para este objetivo tengas claros los conceptos que explicamos en el libro anterior sobre programación orientada a objetos, ya que es la base para la construcción de pilas.

El objetivo está compuesto por una única fase en la que realizarás varios ejercicios para aprender a utilizarlas.

## CONCEPTOS TEÓRICOS

En este apartado vamos a explicarte los conceptos teóricos necesarios para que entiendas qué son las pilas y aprendas a utilizarla en tus programas.

### PILAS

Antes de entrar en detalles de qué son las pilas, queremos que pienses en una pila de platos. Cuando añades un plato a la pila lo que haces es ponerlo arriba del todo, y cuando retiras un plato de la pila lo que haces es retirar el plato que se encuentra en la parte superior del plato. Pues, básicamente, una pila en programación es una estructura de datos que funciona de la misma manera.

Las pilas están compuestas por elementos en los que el primer elemento es el elemento más nuevo en la misma, a la hora de coger un elemento cogeremos el elemento más arriba de la pila (el más nuevo) y a la hora de dejar un elemento lo dejaremos en lo más alto de la pila. En las pilas, el último en entrar será el primero en salir.

Entendiendo el funcionamiento de las pilas podemos decir que tienen dos operaciones básicas:
- **Apilar**: coloca un elemento en la pila.
- **Retirar**: retira el último elemento apilado.

Gráficamente:

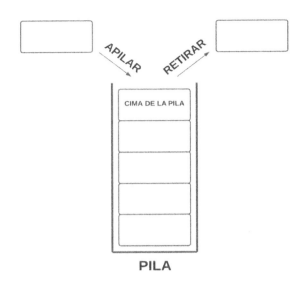

**PILA**

Tal y como veremos en la fase, donde aprenderás a implementar pilas, la base para construir pilas en Python son la programación orientada a objetos y las listas.

## FASE 1: PILA

La primera y única fase del objetivo consiste en aprender a implementar y a utilizar las pilas mediante una serie de ejercicios.

El primer ejercicio de la fase consiste en implementar una pila básica y cambiarle el orden de los elementos, es decir, el elemento que tenía en la cima pasará a ser el elemento en el fondo y el que está en el fondo pasará a ser el elemento en la cima.

En el ejercicio vas a definir una clase pila muy básica, con las siguientes operaciones:

- **Constructor**: inicializará la lista de elementos que componen la pila.
- **Apilar**: insertará un elemento en la cima de la pila.
- **Retirar**: retirará el elemento que se encuentra en la cima de la pila.
- **EstaVacia**: devuelve *True* en caso de que la pila esté vacía y *False* en caso contrario.
- **MostrarPila**: muestra la pila por pantalla.

El código fuente utilizará dos pilas. En la primera pila se introducirán elementos que posteriormente serán retirados de la misma utilizando el método *Retirar* y serán insertados en la otra pila mediante el método *Apilar*. El código fuente del ejercicio es el siguiente:

```
class Pila:
    def __init__(self):
        self.__items = []
    def EstaVacia(self):
        if len(self.__items) == 0:
            return True
        else:
            return False
    def Apilar(self, item):
        self.__items.append(item)
    def Retirar(self):
        return self.__items.pop()
    def MostrarPila(self):
        print("Pila: ", self.__items,"<-- CIMA")

pila = Pila()
for i in range(10):
    pila.Apilar(i)
pila.MostrarPila()
pilareves = Pila()
while not(pila.EstaVacia()):
    pilareves.Apilar(pila.Retirar())
pilareves.MostrarPila()
```

La siguiente imagen muestra un ejemplo de ejecución del código fuente anterior:

```
=============== RESTART: /Users/alfre/Desktop/Ejercicios/4-1-1.py ==============
Pila:  [0, 1, 2, 3, 4, 5, 6, 7, 8, 9] <-- CIMA
Pila:  [9, 8, 7, 6, 5, 4, 3, 2, 1, 0] <-- CIMA
```

El segundo ejercicio consiste en implementar un simulador interactivo que permitirá realizar operaciones sobre la pila desde el programa. Las operaciones disponibles en el programa serán las siguientes:

- **Apilar**: insertará un nuevo elemento a la pila.
- **Retirar**: eliminará un elemento de la pila.
- **Leer cima**: mostrará por pantalla el elemento que se encuentra en la cima de la pila.
- **¿Está vacía?**: mostrará por pantalla si la pila se encuentra vacía o no.
- **Mostrar pila**: mostrará por pantalla la pila.
- **Salir**: terminará el programa.

Desde el punto de vista de la implementación de la pila, lo que vas a hacer es añadir un método nuevo a la implementación del ejercicio anterior para que devuelva el elemento que se encuentra en la cima de esta. El código fuente del ejercicio es el siguiente:

```python
class Pila:
    def __init__(self):
        self.__items = []
    def EstaVacia(self):
        if len(self.__items) == 0:
            return True
        else:
            return False
    def Apilar(self, item):
        self.__items.append(item)
    def Retirar(self):
        return self.__items.pop()
    def LeerCima(self):
        return self.__items[len(self.__items)-1]
    def MostrarPila(self):
        print("Pila: ", self.__items,"<-- CIMA")

def SimuladorPila():
    fin = False
    pila = Pila()
    while not(fin):
        opc = input("Opcion:")
        if (opc=='1'):
            item = input("Introduzca elemento a apilar: ")
            pila.Apilar(item)
            print("Elemento apilado: ",item)
        elif(opc=='2'):
            if pila.EstaVacia():
                print("La pila está vacía, no puede retirarse ningún elemento")
            else:
                item = pila.LeerCima()
                pila.Retirar()
                print("Elemento retirado: ",item)
        elif(opc=='3'):
            if pila.EstaVacia():
                print("La pila está vacía, no puede leerse la cima")
            else:
                print("La cima es: ", pila.LeerCima())
        elif(opc=='4'):
            if pila.EstaVacia():
                print("La pila está vacía")
            else:
                print("La pila no está vacía")
        elif(opc=='5'):
            pila.MostrarPila()
        elif(opc=='6'):
            fin = 1

print ("""****************
Simulador de Pila
****************
Menu
1) Apilar
2) Retirar
```

3) Leer cima
4) ¿Está vacía?
5) Mostrar pila
6) Salir""")
SimuladorPila()

La siguiente imagen muestra un ejemplo de las opciones *Apilar*, *Mostrar pila*, *¿Está vacía?* y *Leer Cima*:

```
=============== RESTART: /Users/alfre/Desktop/Ejercicios/4-1-2.py ==============
*****************
Simulador de Pila
*****************
Menu
1) Apilar
2) Retirar
3) Leer cima
4) ¿Está vacia?
5) Mostrar pila
6) Salir
Opcion:1
Introduzca elemento a apilar: Teclado
Elemento apilado:  Teclado
Opcion:1
Introduzca elemento a apilar: Ratón
Elemento apilado:  Ratón
Opcion:1
Introduzca elemento a apilar: Monitor
Elemento apilado:  Monitor
Opcion:5
Pila:  ['Teclado', 'Ratón', 'Monitor'] <-- CIMA
Opcion:4
La pila no está vacia
Opcion:3
La cima es:  Monitor
```

La siguiente imagen muestra la continuación de la ejecución mostrada en la anterior captura. En este caso se muestran las operaciones *Retirar*, *Mostrar pila*, *¿Está vacía?*, *Leer Cima* y *Salir*:

```
Opcion:2
Elemento retirado:  Monitor
Opcion:5
Pila:  ['Teclado', 'Ratón'] <-- CIMA
Opcion:2
Elemento retirado:  Ratón
Opcion:5
Pila:  ['Teclado'] <-- CIMA
Opcion:2
Elemento retirado:  Teclado
Opcion:5
Pila:  [] <-- CIMA
Opcion:4
La pila está vacía
Opcion:3
La pila está vacía, no puede leerse la cima
Opcion:6
```

El tercer ejercicio consiste en ampliar el ejercicio anterior añadiendo dos nuevas operaciones:

- **Leer fondo**: mostrará el elemento que se encuentra en el fondo de la pila.

- **Número de elementos**: mostrará el número de elementos que se encuentra en la pila.

Desde el punto de vista de la implementación de la pila, añadirás dos nuevos métodos para cada una de las operaciones. Ambos métodos harán uso de pilas auxiliares para llevar a cabo las operaciones. Te preguntarás que por qué no las implementamos directamente con operaciones sobre la lista, la respuesta es muy sencilla, las pilas son pilas y hay que utilizarlas de la forma que están diseñadas, está claro que sería mucho más fácil utilizar el método que devuelve el número de elementos que componen la lista o acceder al elemento que se encuentra en la posición cero, pero estaríamos rompiendo el paradigma de las pilas. El código fuente del ejercicio es el siguiente:

```
class Pila:
    def __init__(self):
        self.__items = []
    def EstaVacia(self):
        if len(self.__items) == 0:
            return True
        else:
            return False
    def Apilar(self, item):
        self.__items.append(item)
    def Retirar(self):
        return self.__items.pop()
    def LeerCima(self):
        return self.__items[len(self.__items)-1]
    def LeerFondo(self):
        pilaauxiliar = Pila()
        while not(self.EstaVacia()):
            pilaauxiliar.Apilar(self.Retirar())
        valorfondo = pilaauxiliar.LeerCima()
        while not(pilaauxiliar.EstaVacia()):
            self.Apilar(pilaauxiliar.Retirar())
        return valorfondo
    def NumeroElementos(self):
        pilaauxiliar = Pila()
        while not(self.EstaVacia()):
            pilaauxiliar.Apilar(self.Retirar())
        numeroelementos = 0
        while not(pilaauxiliar.EstaVacia()):
            self.Apilar(pilaauxiliar.Retirar())
            numeroelementos = numeroelementos + 1
        return numeroelementos
    def MostrarPila(self):
        print("Pila: ", self.__items,"<-- CIMA")

def SimuladorPila():
    fin = False
    pila = Pila()
    while not(fin):
        opc = input("Opcion:")
```

```
    if (opc=='1'):
        item = input("Introduzca elemento a apilar: ")
        pila.Apilar(item)
        print("Elemento apilado: ",item)
    elif(opc=='2'):
        if pila.EstaVacia():
            print("La pila está vacía, no puede retirarse ningún elemento")
        else:
            item = pila.LeerCima()
            pila.Retirar()
            print("Elemento retirado: ",item)
    elif(opc=='3'):
        if pila.EstaVacia():
            print("La pila está vacía, no puede leerse la cima")
        else:
            print("La cima es: ", pila.LeerCima())
    elif(opc=='4'):
        if pila.EstaVacia():
            print("La pila está vacía, no puede leerse el fondo")
        else:
            print("El fondo es: ", pila.LeerFondo())
    elif(opc=='5'):
        if pila.EstaVacia():
            print("La pila está vacía")
        else:
            print("La pila no está vacía")
    elif(opc=='6'):
        pila.MostrarPila()
    elif(opc=='7'):
        print("Número de elementos en la pila: ", pila.NumeroElementos())
    elif(opc=='8'):
        fin = 1

print ("""****************
Simulador de Pila
****************
Menu
1) Apilar
2) Retirar
3) Leer cima
4) Leer fondo
5) ¿Está vacia?
6) Número de elementos
7) Mostrar pila
8) Salir""")
SimuladorPila()
```

La siguiente imagen muestra un ejemplo de uso de los dos nuevos métodos añadidos en el ejercicio:

```
============== RESTART: /Users/alfre/Desktop/Ejercicios/4-1-3.py ==============
*****************
Simulador de Pila
*****************
Menu
1) Apilar
2) Retirar
3) Leer cima
4) Leer fondo
5) ¿Está vacia?
6) Número de elementos
7) Mostrar pila
8) Salir
Opcion:1
Introduzca elemento a apilar: 1
Elemento apilado:  1
Opcion:1
Introduzca elemento a apilar: 2
Elemento apilado:  2
Opcion:1
Introduzca elemento a apilar: 3
Elemento apilado:  3
Opcion:1
Introduzca elemento a apilar: 4
Elemento apilado:  4
Opcion:1
Introduzca elemento a apilar: 5
Elemento apilado:  5
Opcion:7
Número de elementos en la pila:  5
Opcion:3
La cima es:  5
Opcion:4
El fondo es:  1
Opcion:6
Pila:  ['1', '2', '3', '4', '5'] <-- CIMA
Opcion:8
```

## AHORA ERES CAPAZ DE...

En este cuarto objetivo has adquirido los siguientes conocimientos:
- Utilización de pilas.

En este quinto objetivo vamos a explicarte qué son las colas y cómo puedes utilizarlas. Del mismo modo que en el objetivo anterior, es muy importante que para este objetivo tengas claros los conceptos que explicamos en el libro anterior sobre programación orientada a objetos, ya que, al igual que para las pilas, es la base para la construcción de colas.

El objetivo está compuesto por una única fase en la que realizarás varios ejercicios para aprender a utilizarlas.

## CONCEPTOS TEÓRICOS

En este apartado vamos a explicarte los conceptos teóricos necesarios para que entiendas qué son las colas y aprendas a utilizarla en tus programas.

### COLAS

Antes de entrar en detalles de qué son las colas, queremos que pienses en una cola de un supermercado. Cuando vas a las cajas del supermercado a pagar la compra te pones en una cola en la que las personas que están delante tuya pagarán antes que tú y las personas que se vayan incorporando a la cola después de ti pagarán después que tú. En las colas, el primero en entrar será el primero en salir.

Las colas están compuestas por elementos en los que el primer elemento es el elemento que más tiempo lleva en esta y, a la hora de "coger" un elemento de la cola cogeremos el primer elemento de esta, y, a la hora de "dejar" un elemento en la cola lo dejaremos en la última posición de esta.

Entendiendo el funcionamiento de las colas podemos decir que tienen dos operaciones básicas:
- **Encolar**: introduce un elemento en la última posición de la cola.
- **Desencolar**: retira el primer elemento de la cola.

Gráficamente:

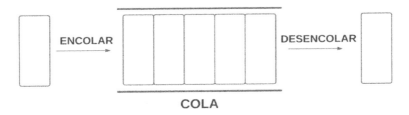

COLA

Tal y como veremos en la fase, donde aprenderás a implementar colas, la base para construir colas en Python son la programación orientada a objetos y las listas.

## FASE 1: COLA

La primera y única fase del objetivo consiste en aprender a implementar y a utilizar las colas mediante una serie de ejercicios.

El primer ejercicio de la fase consiste en implementar una cola básica y cambiar el orden de los elementos utilizando una pila. Es decir, utilizando una pila, cambiarás el orden de los elementos de la cola.

En el ejercicio vas a definir una clase cola muy básica, con las siguientes operaciones:
- **Constructor**: inicializará la lista de elementos que componen la cola.
- **Encolar**: insertará un elemento al final de la cola.
- **Desencolar**: retirará el elemento que se encuentra en la primera posición de la cola.
- **MostrarCola**: muestra la cola por pantalla.
- **EstaVacia**: devuelve *True* en caso de que la cola esté vacía y *False* en caso contrario.

La clase pila que utilizará el ejercicio para cambiar el orden de la cola tendrá los siguientes métodos:
- **Constructor**: inicializará la lista de elementos que componen la pila.
- **Apilar**: insertará un elemento en la cima de la pila.
- **Retirar**: retirará el elemento que se encuentra en la cima de la pila.
- **EstaVacia**: devuelve *True* en caso de que la pila esté vacía y *False* en caso contrario.

El código fuente del ejercicio es el siguiente:

```python
class Pila:
    def __init__(self):
        self.__items = []
    def EstaVacia(self):
        if len(self.__items) == 0:
            return True
        else:
            return False
    def Apilar(self, item):
        self.__items.append(item)
    def Retirar(self):
        return self.__items.pop()

class Cola:
    def __init__(self):
        self.__items = []
    def EstaVacia(self):
        if len(self.__items) == 0:
            return True
        else:
            return False
    def Encolar(self, item):
        self.__items.insert(0,item)
    def Desencolar(self):
        return self.__items.pop()
    def MostrarCola(self):
        print("Cola: ", self.__items,"<-- Primer elemento")

cola = Cola()
for i in range(10):
    cola.Encolar(i)
cola.MostrarCola()
pila = Pila()
while not(cola.EstaVacia()):
    pila.Apilar(cola.Desencolar())
while not(pila.EstaVacia()):
    cola.Encolar(pila.Retirar())
cola.MostrarCola()
```

La siguiente imagen muestra un ejemplo de ejecución del código fuente anterior:

```
============== RESTART: /Users/alfre/Desktop/Ejercicios/5-1-1.py ==============
Cola:  [9, 8, 7, 6, 5, 4, 3, 2, 1, 0] <-- Primer elemento
Cola:  [0, 1, 2, 3, 4, 5, 6, 7, 8, 9] <-- Primer elemento
```

El segundo ejercicio consiste en implementar un simulador interactivo que permitirá realizar operaciones sobre la cola desde el programa. Las operaciones disponibles en el programa serán las siguientes:

- **Encolar**: insertará un nuevo elemento a la cola.
- **Desencolar**: eliminará un elemento de la cola.

- **Leer primer elemento**: mostrará por pantalla el elemento que se encuentra en la primera posición de la cola.
- **¿Está vacía?**: mostrará por pantalla si la cola se encuentra vacía o no.
- **Mostrar cola**: mostrará por pantalla la cola.
- **Salir**: terminará el programa.

Desde el punto de vista de la implementación de la cola, lo que vas a hacer es añadir un método nuevo que devuelva el elemento que se encuentra en la primera posición de la cola.

El código fuente del ejercicio es el siguiente:

```python
class Cola:
    def __init__(self):
        self.__items = []
    def EstaVacia(self):
        if len(self.__items) == 0:
            return True
        else:
            return False
    def Encolar(self, item):
        self.__items.insert(0,item)
    def Desencolar(self):
        return self.__items.pop()
    def LeerPrimerElemento(self):
        return self.__items[len(self.__items)-1]
    def MostrarCola(self):
        print("Cola: ", self.__items,"<-- Primer elemento")

def SimuladorCola():
    fin = False
    cola = Cola()
    while not(fin):
        opc = input("Opcion:")
        if (opc=='1'):
            item = input("Introduzca elemento a encolar: ")
            cola.Encolar(item)
            print("Elemento encolado: ",item)
        elif(opc=='2'):
            if cola.EstaVacia():
                print("La cola está vacía, no puede desencolarse ningún elemento")
            else:
                item = cola.LeerPrimerElemento()
                cola.Desencolar()
                print("Elemento desencolado: ",item)
        elif(opc=='3'):
            if cola.EstaVacia():
                print("La cola está vacía, no puede leerse ningún elemento")
            else:
                print("El primer elemento es: ", cola.LeerPrimerElemento())
        elif(opc=='4'):
            if cola.EstaVacia():
```

```
        print("La cola está vacía")
    else:
        print("La cola no está vacía")
  elif(opc=='5'):
    cola.MostrarCola()
  elif(opc=='6'):
    fin = 1

print ("""*****************
Simulador de Cola
*****************
Menu
1) Encolar
2) Desencolar
3) Leer primer elemento
4) ¿Está vacía?
5) Mostrar cola
6) Salir""")
SimuladorCola()
```

La siguiente imagen muestra un ejemplo de las opciones *Encolar*, *Mostrar cola*, *¿Está vacía?* y *Leer primer elemento* del código fuente anterior:

```
============== RESTART: /Users/alfre/Desktop/Ejercicios/5-1-2.py ==============
*****************
Simulador de Cola
*****************
Menu
1) Encolar
2) Desencolar
3) Leer primer elemento
4) ¿Está vacía?
5) Mostrar cola
6) Salir
Opcion:1
Introduzca elemento a encolar: Coche
Elemento encolado:  Coche
Opcion:1
Introduzca elemento a encolar: Moto
Elemento encolado:  Moto
Opcion:1
Introduzca elemento a encolar: Bicicleta
Elemento encolado:  Bicicleta
Opcion:1
Introduzca elemento a encolar: Patinete
Elemento encolado:  Patinete
Opcion:4
La cola no está vacía
Opcion:5
Cola:  ['Patinete', 'Bicicleta', 'Moto', 'Coche'] <-- Primer elemento
Opcion:3
El primer elemento es:  Coche
```

La siguiente imagen muestra la continuación de la ejecución mostrada en la anterior captura. En este caso se muestran las operaciones *Desencolar*, *Mostrar cola*, *¿Está vacía?*, *Leer primer elemento* y *Salir*:

```
Opcion:2
Elemento desencolado:  Coche
Opcion:3
El primer elemento es:  Moto
Opcion:2
Elemento desencolado:  Moto
Opcion:2
Elemento desencolado:  Bicicleta
Opcion:4
La cola no está vacía
Opcion:2
Elemento desencolado:  Patinete
Opcion:4
La cola está vacía
Opcion:5
Cola:  [] <-- Primer elemento
Opcion:6
```

El tercer ejercicio consiste en ampliar el ejercicio anterior añadiendo dos nuevas operaciones:

- **Leer último elemento**: mostrará el elemento que se encuentra en la última posición de la cola.
- **Número de elementos**: mostrará el número de elementos que se encuentra en la cola.

Desde el punto de vista de la implementación de la cola, añadirás dos nuevos métodos para cada una de las operaciones. Ambos métodos harán uso de colas auxiliares para llevar a cabo las operaciones. Te preguntarás que por qué no las implementamos directamente con operaciones sobre la cola, la respuesta es muy sencilla, las colas son colas y hay que utilizarlas de la forma que están diseñadas, está claro que sería mucho más fácil utilizar el método que devuelve el número de elementos que componen la lista o acceder al elemento que se encuentra en la última posición de la lista, pero estaríamos rompiendo el paradigma de las colas.

El código fuente del ejercicio es el siguiente:

```python
class Cola:
    def __init__(self):
        self.__items = []
    def EstaVacia(self):
        if len(self.__items) == 0:
            return True
        else:
            return False
    def Encolar(self, item):
        self.__items.insert(0,item)
    def Desencolar(self):
        return self.__items.pop()
    def LeerPrimerElemento(self):
        return self.__items[len(self.__items)-1]
    def LeerUltimoElemento(self):
        colaauxiliar = Cola()
        while not(self.EstaVacia()):
            ultimoelemento = self.Desencolar()
```

```python
            colaauxiliar.Encolar(ultimoelemento)
        while not(colaauxiliar.EstaVacia()):
            self.Encolar(colaauxiliar.Desencolar())
        return ultimoelemento
    def NumeroElementos(self):
        colaauxiliar = Cola()
        numeroelementos = 0
        while not(self.EstaVacia()):
            numeroelementos = numeroelementos + 1
            colaauxiliar.Encolar(self.Desencolar())
        while not(colaauxiliar.EstaVacia()):
            self.Encolar(colaauxiliar.Desencolar())
        return numeroelementos
    def MostrarCola(self):
        print("Cola: ", self.__items,"<-- Primer elemento")

def SimuladorCola():
    fin = False
    cola = Cola()
    while not(fin):
        opc = input("Opcion:")
        if (opc=='1'):
            item = input("Introduzca elemento a encolar: ")
            cola.Encolar(item)
            print("Elemento encolado: ",item)
        elif(opc=='2'):
            if cola.EstaVacia():
                print("La cola está vacía, no puede desencolarse ningún elemento")
            else:
                item = cola.LeerPrimerElemento()
                cola.Desencolar()
                print("Elemento desencolado: ",item)
        elif(opc=='3'):
            if cola.EstaVacia():
                print("La cola está vacía, no puede leerse ningún elemento")
            else:
                print("El primer elemento es: ", cola.LeerPrimerElemento())
        elif(opc=='4'):
            if cola.EstaVacia():
                print("La cola está vacía, no puede leerse ningún elemento")
            else:
                print("El último elemento es: ", cola.LeerUltimoElemento())
        elif(opc=='5'):
            if cola.EstaVacia():
                print("La cola está vacía")
            else:
                print("La cola no está vacía")
        elif(opc=='6'):
            print("Número de elementos: ",cola.NumeroElementos())
        elif(opc=='7'):
            cola.MostrarCola()
        elif(opc=='8'):
            fin = 1

print ("""*****************
Simulador de Cola
*****************
Menu
```

1) Encolar
2) Desencolar
3) Leer primer elemento
4) Leer último elemento
5) ¿Está vacía?
6) Número de elementos
7) Mostrar cola
8) Salir""")
SimuladorCola()

La siguiente imagen muestra un ejemplo de uso de los dos nuevos métodos añadidos en el ejercicio:

```
============== RESTART: /Users/alfre/Desktop/Ejercicios/5-1-3.py ==============
*****************
Simulador de Cola
*****************
Menu
1) Encolar
2) Desencolar
3) Leer primer elemento
4) Leer último elemento
5) ¿Está vacía?
6) Número de elementos
7) Mostrar cola
8) Salir
Opcion:1
Introduzca elemento a encolar: 1
Elemento encolado:  1
Opcion:1
Introduzca elemento a encolar: 2
Elemento encolado:  2
Opcion:1
Introduzca elemento a encolar: 3
Elemento encolado:  3
Opcion:1
Introduzca elemento a encolar: 4
Elemento encolado:  4
Opcion:1
Introduzca elemento a encolar: 5
Elemento encolado:  5
Opcion:6
Número de elementos:  5
Opcion:3
El primer elemento es:  1
Opcion:4
El último elemento es:  5
Opcion:7
Cola:  ['5', '4', '3', '2', '1'] <-- Primer elemento
Opcion:8
```

# AHORA ERES CAPAZ DE...

En este quinto objetivo has adquirido los siguientes conocimientos:
* Utilización de colas.

35

En este sexto objetivo vamos a explicarte qué es la librería estándar de Python y cómo se utilizan cada uno de los módulos más importantes de los que está compuesta. Hasta ahora has estado siempre utilizando funcionalidades básicas que provee el lenguaje, pues en este objetivo aprenderás a utilizar un conjunto adicional de funciones, constantes y clases que provee la librería estándar.

El objetivo está compuesto por cinco fases en la que en cada una de ellas realizarás varios ejercicios para aprender a utilizar cada uno de los módulos de la librería estándar de Python que te explicaremos.

## CONCEPTOS TEÓRICOS

En este apartado vamos a explicarte los conceptos teóricos necesarios para que aprendas a utilizar la librería estándar de Python en tus programas.

## LIBRERÍA ESTÁNDAR

La librería estándar de Python es un conjunto de módulos y paquetes que son distribuidos junto a Python y que proveen una serie de funciones, constantes y clases que añadirán funcionalidades extras a tus programas y te facilitarán la escritura de código reduciendo tiempos de desarrollo.

Los módulos más importantes de la librería estándar son los siguientes:
- **random**: módulo que permite realizar elecciones al azar.
- **math**: módulo que añade funciones matemáticas.
- **statistics**: módulo que permite utilizar funciones estadísticas básicas.
- **datetime**: módulo que permite manejar fechas y tiempos de forma sencilla.
- **os**: módulo para interactuar con el sistema operativo.
- **shutil**: módulo para administrar ficheros y grupos de ficheros.

Para incluir módulos en tus programas tienes que realizarlo con la sentencia *import* de la siguiente forma al principio de tus programas:

*import NombreLibrería*

Una vez importada la librería podrás utilizar en tus programas todas las clases, constantes y funciones que incluyan.

La librería estándar tiene una librería muy importante que no vamos a explicarte en este objetivo, le dedicaremos el objetivo número 10 completo dada la importancia que tiene, dicha librería es *unittest*.

## FASE 1: MÓDULO RANDOM

La primera fase del objetivo consiste en el aprendizaje del módulo *random*, que va a permitirte hacer elecciones de forma aleatoria, tanto elegir al azar un valor de una lista como generar números aleatorios u obtener un número al azar dentro de un rango.

Las funciones que veremos en la fase son las siguientes:

**randrange**
Función que devuelve un número aleatorio en un rango especificado por parámetro.

**sample**
Función que devuelve una lista de números aleatorios dentro de un rango establecido por parámetro. La función tiene dos parámetros, el primero es el rango sobre el que se seleccionarán los números aleatorios y el segundo es el número de elementos que tendrá la lista que se devuelve.

**random**
Función que devuelve un número en coma flotante.

**choice**
Función que selecciona un elemento de la lista que recibe por parámetro al azar.

El primer y único ejercicio de la fase consiste en realizar un ejemplo de uso de cada una de las funciones. Recuerda que para poder utilizar las funciones que provee el módulo *random* tienes que importarlo en tu código fuente utilizando la sentencia *import random*.

El código fuente es el siguiente:

```
import random
print("Número aleatorio(1-100): ", random.randrange(100))
print("Lista aleatoria de números(1-50): ",random.sample(range(50), 6))
print("Número aleatorio en coma flotante: ",random.random())
print("Elección aleatoria [Rojo,Verde,Amarillo,Azul,Rosa]: ", random.choice(['Rojo', 'Verde',
'Amarillo', 'Azul', 'Rosa']))
```

La siguiente imagen muestra un ejemplo de ejecución del código fuente anterior:

```
============== RESTART: /Users/alfre/Desktop/Ejercicios/6-1-1.py ==============
Número aleatorio(1-100):  85
Lista aleatoria de números(1-50):  [24, 45, 1, 34, 11, 35]
Número aleatorio en coma flotante:  0.28119848593470853
Elección aleatoria [Rojo,Verde,Amarillo,Azul,Rosa]:  Rosa
```

## FASE 2: MÓDULO MATH

La segunda fase del objetivo consiste en el aprendizaje del módulo *math*, que te permitirá incluir en tus programas funciones y constantes matemáticas para facilitarte aquellos desarrollos que realices que requieran operaciones matemáticas complejas.

En este objetivo veremos aquellas funciones y constantes más importantes y relevantes, para ver todas las funciones y constantes incluidas te recomendamos que las consultes en la documentación oficial incluida en la página web de Python.

Recuerda que para poder utilizar las funciones que provee el módulo *math* tienes que importarlo en tu código fuente utilizando la sentencia *import math*.

En el primer ejercicio de la fase vas a aprender a utilizar las siguientes funciones:

### fabs
Función que retorna el valor absoluto del número especificado como parámetro.

### factorial
Función que calcula la factorial del número especificado como parámetro.

### gcd
Función que calcula el máximo común divisor de dos números especificados como parámetros.

**isnan**

Función que comprueba si el parámetro no es un número. La función retornará *False* en caso de que sea un número y *True* en caso contrario.

**log**

Función que calcula el logaritmo en base X del número especificado como parámetro. La función tiene dos parámetros, el primero es el número del que se quiere calcular el logaritmo y el segundo la base del logaritmo.

**pow**

Función que calcula la potencia del número especificado como parámetro. La función tiene dos parámetros, el primero de ellos es la base y el segundo el exponente.

**sqrt**

Función que calcula la raíz cuadrada del número especificado como parámetro.

En el ejercicio realizarás un ejemplo de uso de cada una de las funciones. El código fuente es el siguiente:

```
import math
print("El valor absoluto de -7 es: ", math.fabs(-7))
print("El factorial de 9 es: ", math.factorial(9))
print("El máximo común divisor de 39 y 26 es: ", math.gcd(39,26))
print("isnan(8): ",math.isnan(8))
print("El logaritmo en base 10 de 540 es: ", math.log(540,10))
print("El valor de 2 elevado a 10 es: ", math.pow(2,10))
print("La raiz cuadrada de 144 es: ", math.sqrt(144))
```

La siguiente imagen muestra la ejecución del código fuente anterior:

```
============== RESTART: /Users/alfre/Desktop/Ejercicios/6-2-1.py ==============
El valor absoluto de -7 es:  7.0
El factorial de 9 es:  362880
El máximo común divisor de 39 y 26 es:  13
isnan(8):  False
El logaritmo en base 10 de 540 es:  2.7323937598229686
El valor de 2 elevado a 10 es:  1024.0
La raiz cuadrada de 144 es:  12.0
```

En el segundo ejercicio de la fase vas a aprender a utilizar las siguientes funciones:

**acos**

Función que calcula el arcocoseno en radianes del ángulo especificado como parámetro.

**asin**

Función que calcula el arcoseno en radianes del ángulo especificado como parámetro.

**atan**

Función que calcula la arcotangente en radianes del ángulo especificado como parámetro.

**cos**

Función que calcula el coseno en radianes del ángulo especificado como parámetro.

**sin**

Función que calcula el seno en radianes del ángulo especificado como parámetro.

**tan**

Función que calcula la tangente en radianes del ángulo especificado como parámetro.

**degrees**

Función que retorna el valor en grados del ángulo en radianes recibido como parámetro.

**radians**

Función que retorna el valor en radianes del ángulo en grados recibido como parámetro.

En el ejercicio realizarás un ejemplo de uso de cada una de las funciones. El código fuente es el siguiente:

```
import math
print("El ángulo 90 en radianes es: ", math.radians(90))
print("El ángulo 1.57 en grados es: ", math.degrees(1.57))
print("El seno de un ángulo de 180 es: ", math.sin(math.radians(180)))
print("El coseno de un ángulo de 180 es: ", math.cos(math.radians(180)))
print("La tangente de un ángulo de 180 es: ", math.tan(math.radians(180)))
print("El arcoseno de 1 es: ", math.degrees(math.asin(1)))
print("El arcocoseno de 1 es: ", math.degrees(math.acos(1)))
print("La arcotangente de 1 es: ", math.degrees(math.atan(1)))
```

La siguiente imagen muestra la ejecución del código fuente anterior:

```
============== RESTART: /Users/alfre/Desktop/Ejercicios/6-2-2.py ==============
El ángulo 90 en radianes es:  1.5707963267948966
El ángulo 1.57 en grados es:  89.95437383553924
El seno de un ángulo de 180 es:  1.2246467991473532e-16
El coseno de un ángulo de 180 es:  -1.0
La tangente de un ángulo de 180 es:  -1.2246467991473532e-16
El arcoseno de 1 es:  90.0
El arcocoseno de 1 es:  0.0
La arcotangente de 1 es:  45.0
```

En el tercer ejercicio de la fase vas a aprender a utilizar las constantes más importantes que están incluidas en la librería, son las siguientes:

- **pi**: tiene el valor de la constante $\pi$.
- **e**: tiene el valor de la constante e.
- **tau**: tiene el valor de la constante $\tau$.
- **inf**: representación del valor infinito.
- **nan**: representación de NaN (*"Not a Number"*).

El código fuente es el siguiente:

```
import math
print("El valor de pi es: ", math.pi)
print("El valor de e es: ", math.e)
print("El valor de tau es: ", math.tau)
print("El valor infinito es: ", math.inf)
print("El valor NaN es: ", math.nan)
```

La siguiente imagen muestra la ejecución del código fuente anterior:

```
============== RESTART: /Users/alfre/Desktop/Ejercicios/6-2-3.py ==============
El valor de pi es:  3.141592653589793
El valor de e es:  2.718281828459045
El valor de tau es:  6.283185307179586
El valor infinito es:  inf
El valor NaN es:  nan
```

## FASE 3: MÓDULO STATISTICS

La tercera fase del objetivo consiste en el aprendizaje del módulo *statistics*, que te va a permitir realizar cálculos estadísticos sobre conjuntos de datos.

Recuerda que para poder utilizar las funciones que provee el módulo *statistics* tienes que importarlo en tu código fuente utilizando la sentencia *import statistics*.

Las funciones más importantes del módulo son las siguientes:

**mean**

Función que calcula la media de un listado de números pasados como parámetro.

**median**

Función que calcula la mediana de un listado de números pasados como parámetro.

**median_low**

Función que calcula la mediana inferior de un listado de números pasados como parámetro.

**median_high**

Función que calcula la mediana superior de un listado de números pasados como parámetro.

**mode**

Función que calcula la moda de un listado de números pasados como parámetro.

**variance**

Función que calcula la varianza de un listado de números pasados como parámetro.

En el ejercicio realizarás un ejemplo de uso de cada una de las funciones. El código fuente es el siguiente:

```
import statistics
import random
valores = random.sample(range(10), 8)
print("Número aleatorios generados: ", valores)
print("Media: ", statistics.mean(valores))
print("Mediana: ", statistics.median(valores))
print("Mediana inferior: ", statistics.median_low(valores))
print("Mediana superior: ", statistics.median_high(valores))
print("Moda: ", statistics.mode(valores))
print("Varianza: ", statistics.variance(valores))
```

La siguiente imagen muestra la ejecución del código fuente anterior:

```
============== RESTART: /Users/alfre/Desktop/Ejercicios/6-3-1.py ==============
Número aleatorios generados:  [9, 0, 6, 2, 4, 3, 1, 7]
Media:  4
Mediana:  3.5
Mediana inferior:  3
Mediana superior:  4
Moda:  9
Varianza:  9.714285714285714
```

# FASE 4: MÓDULO DATETIME

La cuarta fase del objetivo consiste en el aprendizaje del módulo *datetime*, que va a permitirte manipular fechas de forma sencilla.

Recuerda que para poder utilizar las funciones que provee el módulo *datetime* tienes que importarlo en tu código fuente utilizando la sentencia *import datetime*.

En el objetivo vamos a explicarte una serie de funciones que son básicas para trabajar con fechas, existen funciones mucho más complejas pero que no se utilizan mucho. Las funciones que vamos a ver son las siguientes:

**datetime.now**
Función que retorna la fecha y la hora de ahora mismo.

**date.today**
Función que retorna el día de hoy.

**date**
Función que permite crear un objeto de tipo fecha pasándole como parámetros el año, el mes y el día.

**datetime**
Función que permite crear un objeto de tipo *Datetime* pasándole como parámetros el año, el mes, el día, la hora, los minutos, los segundos y los microsegundos.

El primer ejercicio consiste en aprender a utilizar estas funciones. El código fuente es el siguiente:

```
import datetime
print("Ahora mismo es: ", datetime.datetime.now())
print("Hoy es: ", datetime.date.today())
fecha = datetime.date(2017,11,29)
print(fecha)
fechahora = datetime.datetime(2016,2,21,14,00,00,000)
print(fechahora)
```

La siguiente imagen muestra la ejecución del código fuente anterior:

```
============== RESTART: /Users/alfre/Desktop/Ejercicios/6-4-1.py ==============
Ahora mismo es:  2020-11-27 06:36:34.823921
Hoy es:  2020-11-27
2017-11-29
2016-02-21 14:00:00
```

El segundo ejercicio consiste en aprender a mostrar por pantalla un objeto de tipo *Datetime* accediendo a los diferentes elementos que lo componen (año, mes, etc). El código fuente es el siguiente:

```
import datetime
fecha = datetime.datetime(2016,2,21,14,00,00,000)
print(fecha)
print("Año: ",fecha.year)
print("Mes: ",fecha.month)
print("Día: ",fecha.day)
print("Hora: ",fecha.hour)
print("Minutos: ",fecha.minute)
print("Segundos: ",fecha.second)
print("Microsegundos: ",fecha.microsecond)
```

La siguiente imagen muestra la ejecución del código fuente anterior:

```
============== RESTART: /Users/alfre/Desktop/Ejercicios/6-4-2.py ==============
2016-02-21 14:00:00
Año:  2016
Mes:  2
Día:  21
Hora:  14
Minutos:  0
Segundos:  0
Microsegundos:  0
```

El último ejercicio consiste en aprender cómo calcular la diferencia entre dos *datetime*. La forma de realizar el cálculo es realizando una resta de ambos *datetime*. El código fuente es el siguiente:

```
import datetime
fin = datetime.datetime.now()
inicio = datetime.datetime(2016,2,21,14,00,00,000)
print("Resta de fechas:")
print("1.- ", fin)
print("2.- ", inicio)
resultado = fin - inicio
print("Resultado: ",resultado)
```

La siguiente imagen muestra la ejecución del código fuente anterior:

```
============== RESTART: /Users/alfre/Desktop/Ejercicios/6-4-3.py ==============
Resta de fechas:
1.-  2020-11-27 06:40:56.064667
2.-  2016-02-21 14:00:00
Resultado:  1740 days, 16:40:56.064667
```

Los dos últimos ejercicios que acabamos de hacer han sido utilizando el tipo de dato *datetime*, la forma de acceso a los elementos y el cálculo de la diferencia entre dos objetos se realizan de la misma forma con objetos de tipo *date*, pero teniendo en cuenta que únicamente están compuestos por año, mes y día.

## FASE 5: MÓDULO OS Y SHUTIL

La quinta fase del objetivo consiste en el aprendizaje de los módulos *os* y *shutil*. El módulo *os* nos va a permitir interactuar con el sistema operativo y manejar todas aquellas funcionalidades que ofrece. El módulo *shutil* nos va a permitir administrar ficheros de forma sencilla.

El módulo *os* es un módulo muy amplio y algunas de sus funcionalidades requieren conocimientos profundos de sistemas operativos, por lo que en este punto vamos a hacer un pequeño ejercicio simplemente para mostrarte cómo se utiliza con una serie de funciones muy básicas. Si quieres adentrarte más en el módulo te recomendamos revisar la documentación oficial de Python.

Recuerda que para poder utilizar las funciones que provee el módulo *os* tienes que importarlo en tu código fuente utilizando la sentencia *import os*. Para poder utilizar las funciones que provee el módulo *shutil* tienes que importarlo en tu código fuente utilizando la sentencia *import shutil*.

En el primer ejercicio de la fase vamos a aprender a utilizas las siguientes funciones del módulo *os*:

**getcwd**
Función que devuelve el directorio actual de trabajo de la aplicación.

**chdir**
Función que cambia el directorio de trabajo de la aplicación al pasado por parámetro.

**getpid**
Función que devuelve el identificador del proceso del aplicativo.

**getuid**
Función que devuelve el identificador del usuario del proceso del aplicativo.

En el ejercicio realizarás un ejemplo de uso de cada una de las funciones.El código fuente es el siguiente:

```
import os
print("Directorio de trabajo actual: ",os.getcwd())
os.chdir("/Users/alfre/Downloads/")
print("Nuevo directorio de trabajo: ",os.getcwd())
print("ID proceso: ", os.getpid())
```

```
print("ID usuario: ", os.getuid())
```

La siguiente imagen muestra un ejemplo de ejecución del código fuente anterior:

```
=============== RESTART: /Users/alfre/Desktop/Ejercicios/6-5-1.py ==============
Directorio de trabajo actual:   /Users/alfre/Desktop/Ejercicios
Nuevo directorio de trabajo:   /Users/alfre/Downloads
ID proceso:   1071
ID usuario:   501
```

En el segundo ejercicio de la fase vas a aprender a utilizar nuevas funciones del módulo *os* y utilizarás por primera vez funciones del módulo *shutil*.

Del módulo *os* vas a aprender a manejar las siguientes funciones:

**listdir**
Función que lista el contenido del directorio de trabajo actual.

**mkdir**
Función que crea un nuevo directorio dentro del directorio de trabajo actual.

**rename**
Función que renombra un fichero.

Del módulo *shutil* vas a aprender a manejar las siguientes funciones:

**copy**
Función que realizar la copia del fichero parametrizado en uno nuevo con el nombre especificado por parámetro.

**move**
Función que mueve el fichero especificado por parámetro a la ruta especificada por parámetro.

En el ejercicio realizarás un ejemplo de uso de cada una de las funciones. El código fuente es el siguiente:

```
import os
import shutil
os.chdir("/Users/alfre/Desktop/Ejercicios 6-5/")
print("Directorio de trabajo: ",os.getcwd())
print("Contenido: ", os.listdir())
print("¡Copiando el fichero ejemplo.txt!")
shutil.copy("ejemplo.txt","nuevoejemplo.txt")
print("Contenido: ", os.listdir())
print("¡Renombrar nuevoejemplo.txt!")
```

```
os.rename("nuevoejemplo.txt","nuevonombre.txt")
print("Contenido: ", os.listdir())
print("¡Creando el nuevo directorio!")
os.mkdir("NuevoDirectorio")
print("Contenido del directorio: ", os.listdir())
print("¡Moviendo el fichero al nuevo directorio!")
shutil.move("nuevonombre.txt","NuevoDirectorio")
print("Contenido del directorio: ", os.listdir())
print("¡Cambiando directorio de trabajo!")
os.chdir("/Users/alfre/Desktop/Ejercicios 6-5/NuevoDirectorio")
print("Nuevo directorio de trabajo: ",os.getcwd())
print("Contenido del directorio: ", os.listdir())
```

El ejercicio consiste en cambiar el directorio de trabajo de la aplicación, copiar un fichero y posteriormente renombrarlo, después de eso se creará una carpeta nueva dentro del directorio de trabajo actual y moveremos el fichero nuevo que hemos copiado a dicha carpeta. Por último, se muestra el contenido de ambos directorios, el inicial en el que teníamos el fichero y el final que hemos creado.

La siguiente imagen muestra un ejemplo de ejecución del ejercicio anterior:

```
=============== RESTART: /Users/alfre/Desktop/Ejercicios/6-5-2.py ==============
Directorio de trabajo:  /Users/alfre/Desktop/Ejercicios 6-5
Contenido:  ['Ejemplo.txt']
¡Copiando el fichero ejemplo.txt!
Contenido:  ['nuevoejemplo.txt', 'Ejemplo.txt']
¡Renombrar nuevoejemplo.txt!
Contenido:  ['nuevonombre.txt', 'Ejemplo.txt']
¡Creando el nuevo directorio!
Contenido del directorio:  ['NuevoDirectorio', 'nuevonombre.txt', 'Ejemplo.txt']
¡Moviendo el fichero al nuevo directorio!
Contenido del directorio:  ['NuevoDirectorio','Ejemplo.txt']
¡Cambiando directorio de trabajo!
Nuevo directorio de trabajo:  /Users/alfre/Desktop/Ejercicios 6-5/NuevoDirectorio
Contenido del directorio:  ['nuevonombre.txt']
```

En el tercer ejercicio vas a aprender a utilizar nuevas funciones del módulo *shutil*. Son las siguientes:

**rmtree**
Función que elimina el directorio especificado como parámetro y todo su contenido.

**Remove**
Función que elimina el fichero especificado como parámetro.

El ejercicio consiste en borrar tanto los ficheros como el directorio que se han utilizado en el ejercicio anterior. El código fuente es el siguiente:

```
import os
import shutil
os.chdir("/Users/alfre/Desktop/Ejercicios 6-5/")
```

```
print("Directorio de trabajo: ",os.getcwd())
print("Contenido del directorio: ", os.listdir())
print("¡Eliminar el directorio NuevoDirectorio!")
shutil.rmtree("NuevoDirectorio")
print("Contenido del directorio: ", os.listdir())
print("¡Borrando el fichero ejemplo.txt!")
os.remove("ejemplo.txt")
print("Contenido del directorio: ", os.listdir())
```

La siguiente imagen muestra la ejecución del código fuente anterior:

```
==================== RESTART: /Users/alfre/Desktop/Ejercicios/6-5-3.py ====================
Directorio de trabajo:  /Users/alfre/Desktop/Ejercicios 6-5
Contenido del directorio:  ['NuevoDirectorio', 'Ejemplo.txt']
¡Eliminar el directorio NuevoDirectorio!
Contenido del directorio:  ['Ejemplo.txt']
¡Borrando el fichero ejemplo.txt!
Contenido del directorio:
```

## AHORA ERES CAPAZ DE...

En este sexto objetivo has adquirido los siguientes conocimientos:
- Utilización del módulo *random*
- Utilización del módulo *math*
- Utilización del módulo *statistics*
- Utilización del módulo *datetime*
- Utilización del módulo *os*
- Utilización del módulo *shutil*

En este séptimo objetivo vamos a explicarte qué es la programación paralela y cómo puedes utilizarla en tus programas. En el objetivo te explicaremos qué es la programación paralela, cuáles son sus ventajas y desventajas, qué son los hilos y los procesos y qué es el Global Interpreter Lock (GIL).

El objetivo está compuesto por dos fases, en la primera de ellas aprenderás a utilizar hilos y en la segunda aprenderás a utilizar procesos.

## CONCEPTOS TEÓRICOS

En este apartado vamos a explicarte los conceptos teóricos necesarios para que entiendas qué es la programación paralela.

### ¿QUÉ ES LA PROGRAMACIÓN PARALELA?

Para entender qué es la programación paralela lo primero es conocer el origen de esta, que no es otro que la existencia de la necesidad de resolver problemas con ordenadores que tienen un tiempo de cómputo elevado.

Se tiende a pensar que la programación paralela siempre ha estado ahí, que apareció con las primeras computadoras, pero no es así, fue finales de los años 50 cuando se empezó a trabajar en ordenadores que permitieran trabajar de forma paralela, y fue durante los años 60 y 70 cuando aparecieron las primeras supercomputadoras, con multitud de procesadores que trabajaban con datos compartidos. En la década de los 80 se fabricó el primer supercomputador para aplicaciones científicas que utilizaba procesadores que se podían adquirir en tiendas a pie de calle.

Antes de explicarte la programación paralela tienes que entender qué es la programación secuencial, que es la resolución de tareas de una en una y una detrás de otra. En contraposición a la programación secuencial tenemos la programación paralela, que es la utilización de múltiples recursos computacionales mediante los cuales se pueden resolver diferentes problemas de forma simultánea.

Veámoslo con un ejemplo gráfico.

La siguiente imagen muestra la ejecución de tareas de forma secuencial, primero se ejecuta la tarea número 1, una vez acaba empieza la ejecución de la tarea 2, y así sucesivamente:

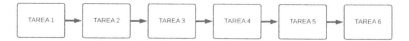

En la siguiente imagen se muestra una ejecución de tareas que combina ejecución secuencial con ejecución paralela. La primera tarea que se ejecuta es la número 1, posteriormente se ejecutan a la misma vez las tareas número 2, 3 y 4. Después de ejecutarse 2 y 3 se ejecuta la tarea 5 y después de la 4 se ejecuta la 6. Una vez acaban 5 y 6 se ejecutará la 7:

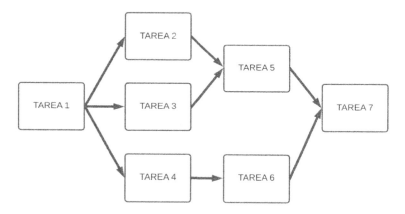

Los pasos básicos para resolver un problema de forma paralela son los siguientes:

1.  División del problema en subproblemas independientes que pueden ser resueltos de forma simultánea.
2.  Descomponer cada subproblema en instrucciones.
3.  Ejecución de cada subproblema en un procesador.
4.  Mediante un mecanismo global de control y coordinación se resuelve el problema general con la unión de las resoluciones de los subproblemas.

## VENTAJAS Y DESVENTAJAS

La programación paralela presenta una serie de ventajas respecto a la programación secuencial, son las siguientes:

- Resolución de problemas que no se pueden resolver mediante programación secuencial.
- Resolución de problemas que no se pueden resolver en un tiempo razonable de forma secuencial.
- Los problemas para resolver pueden ordenarse para optimizar el rendimiento y/o tiempo de resolución.
- Permite ejecutar código más rápidamente.
- Permite la ejecución simultánea de más de una instrucción.
- Permite dividir una tarea compleja en varias tareas independiente, lo que permite que las tareas a resolver sean mayores que en el paradigma secuencial ya que son divididas en otras más pequeñas.

No todos son ventajas en la programación paralela, también nos encontramos una serie de desventajas, que son las siguientes:

- Mayor dificultad a la hora de escribir programas.
- Mayor consumo de energía.
- Dificultad a la hora de sincronizar las diferentes tareas, por lo que pueden existir retardos a la hora de sincronizar procesos.
- Pueden existir corrupciones de datos debido a una mala sincronización y comunicación entre tareas.

## PROCESOS VS HILOS

La programación paralela puede conseguirse utilizando procesos y/o hilos, veamos una definición sencilla de ambos:

- **Proceso**: programa en ejecución (cada programa abierto en tu ordenador es un proceso).
- **Hilo**: conjunto de instrucciones dentro de un proceso que se ejecutan de forma independiente. Un proceso puede estar compuesto por uno o más hilos.

En la siguiente tabla te mostramos una comparativa detallada de ambos:

| Parámetro | Proceso | Hilo |
|---|---|---|
| Independencia | Los procesos son independientes entre si. | Los hilos no son independientes entre si. |
| Creación | La creación de nuevos procesos es costosa, es decir, requiere más recursos de la máquina. | La creación de hilos es barata, es decir, no requiere de muchos recursos de la máquina. |
| Creación hilos | Pueden crear hilos. | Pueden crear hilos hijos. |
| Estados | Pueden encontrarse en los estados listo, bloqueado, en ejecución y terminado. | Pueden encontrarse en los estados listo, bloqueado, en ejecución y terminado. |
| Memoria | Los procesos no comparten memoria entre ellos. | Los hilos comparten memoria ya que están dentro de un mismo proceso. |
| Sincronización memoria | No es necesario sincronizar la memoria entre los diferentes procesos ya que es independiente. | Requiere sincronizar memoria ya que es compartida por todos los hilos. |
| Procesador | Comparten procesador y únicamente puede haber uno activo. | Comparten procesador y únicamente puede haber uno activo. |
| Tiempo de conmutación en el procesador | Alto. | Bajo. |

En las fases del objetivo vas a aprender a utilizar la programación paralela utilizando hilos y procesos.

## GLOBAL INTERPRETER LOCK

El **Global Interpreter Lock** (conocido como **GIL**) es un mecanismo que provee Python para controlar la ejecución de hilos y que únicamente haya uno ejecutándose a la vez.

El GIL no tiene muy buena reputación en el mundo de la programación con Python, ya que el mecanismo de control consiste en prevenir y proteger al intérprete de Python para que no se ejecute más de un hilo a la vez. Si no utilizas hilos en tus programas es un mecanismo transparente, totalmente invisible, ni te enteras de que está ahí.

El GIL funciona de forma muy sencilla, aquel hilo que "coja" el GIL será el hilo que se esté ejecutando hasta que "lo suelte". De este modo, el GIL "se va pasando" de hilo en hilo previniendo la ejecución simultánea de los mismos. Veámoslo gráficamente:

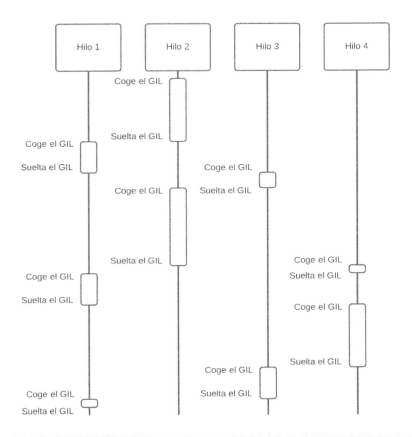

## FASE 1: HILOS

La primera fase del objetivo consiste en aprender a utilizar los hilos en Python.

Python dispone de una librería llamada *threading* que es la que contiene todo lo que necesitas para trabajar con hilos. Para poder utilizarla tienes que importarla en tu programa, del mismo modo que importas otras librerías:

***import threading***

La creación de hilos en Python está asociada a funciones existentes en el código, es decir, utilizando la librería crearás el hilo y le indicarás la función asociada con dicho hilo. Es necesario asignar el resultado de la creación a una variable para poder manejar el hilo y realizar operaciones sobre él. La siguiente sentencia muestra cómo hacerlo:

*Variable = threading.Thread(target=NombreFuncion)*

A lo largo de la fase vamos a explicarte diferentes variantes a la hora de crear los hilos.

Una vez has creado el hilo el siguiente paso es inicializarlo, para ello es necesario utilizar el método *start*, de esta forma el hilo empezará a ejecutarse:

*Variable.start()*

Los hilos tienen una funcionalidad que permite detener el programa hasta que termina de ejecutarse el hilo, hablamos del método *join*.

*Variable.join()*

La librería *threading* nos permite obtener el nombre del hilo que se está ejecutando y el identificador de este, funcionalidades muy útiles que te permitirán tener una visualización del estado de la ejecución de tu programa. Las sentencias son las siguientes:

- *threading.current_thread().getName()*
- *threading.current_thread().ident*

La primera sentencia devuelve el nombre del hilo y la segunda el identificador de este.

El primer ejercicio de la fase tiene como objetivo que aprendas a crear hilos, ejecutarlos y que veas la diferencia con la ejecución de la función con hilo y sin hilo.

El código fuente es el siguiente:

```
import time
import threading

def MostrarInformacion():
    print('Hilo:',threading.current_thread().getName(),'con identificador:',
threading.current_thread().ident)

print("# Ejecución sin hilos #")
MostrarInformacion()
```

```
MostrarInformacion()
MostrarInformacion()

print("# Ejecución con hilos #")
hilo1 = threading.Thread(target=MostrarInformacion)
hilo2 = threading.Thread(target=MostrarInformacion)
hilo3 = threading.Thread(target=MostrarInformacion)
hilo1.start()
time.sleep(1)
hilo2.start()
time.sleep(1)
hilo3.start()
hilo1.join()
hilo2.join()
hilo3.join()
```

Veamos el código fuente en detalle. Hemos creado una función *MostrarInformacion* que mostrará la información del hilo que la está ejecutando. Dicha función será ejecutada tres veces sin utilizar hilos para después ejecutarla también tres veces con hilos. Para que puedas observar la información mostrada por la función *MostrarInformacion* hemos añadido un pequeño retardo de un segundo utilizando la clase *time* y el método *sleep*. Por último, hemos utilizado el método *join* para que el programa no acabe hasta que acaben todos los hilos.

La siguiente imagen muestra un ejemplo de ejecución del código fuente anterior:

```
=============== RESTART: /Users/alfre/Desktop/Ejercicios/7-1-1.py ===============
# Ejecución sin hilos #
Hilo: MainThread con identificador: 4481318400
Hilo: MainThread con identificador: 4481318400
Hilo: MainThread con identificador: 4481318400
# Ejecución con hilos #
Hilo: Thread-1 con identificador: 123145450373120
Hilo: Thread-2 con identificador: 123145450373120
Hilo: Thread-3 con identificador: 123145450373120
```

Observa las diferencias entre lo que muestra por pantalla la función cuando la ejecutas desde el programa principal (*MainThread*) y cuando lo ejecutas desde un hilo *(Thread-X)*. Puedes observar que el nombre de cada hilo es diferente, pero el identificador es el mismo ya que los identificadores son reutilizables dentro del mismo programa.

El segundo ejercicio de la fase consiste en la eliminación de las sentencias que introducían el pequeño retardo en el programa (*time.sleep(1)*). El objetivo es que veas que la ejecución de hilos se realiza de forma simultánea utilizando el **GIL**.

El código fuente es el siguiente:

```
import threading

def MostrarInformacion():
    print('Hilo:',threading.current_thread().getName(),'con identificador:',
    threading.current_thread().ident)

print("# Ejecución sin hilos #")
MostrarInformacion()
MostrarInformacion()
MostrarInformacion()

print("# Ejecución con hilos #")
hilo1 = threading.Thread(target=MostrarInformacion)
hilo2 = threading.Thread(target=MostrarInformacion)
hilo3 = threading.Thread(target=MostrarInformacion)
hilo1.start()
hilo2.start()
hilo3.start()
hilo1.join()
hilo2.join()
hilo3.join()
```

La siguiente imagen muestra un ejemplo de ejecución del código fuente anterior:

```
=============== RESTART: /Users/alfre/Desktop/Ejercicios/7-1-2.py ==============
# Ejecución sin hilos #
Hilo: MainThread con identificador: 4799503872
Hilo: MainThread con identificador: 4799503872
Hilo: MainThread con identificador: 4799503872
# Ejecución con hilos #
Hilo:Hilo:Hilo:    Thread-1Thread-2Thread-3   con identificador:con identificador:c
on identificador:    1231453498818561231453666713601231453834608864
```

Tal y como puedes observar los mensajes de los hilos están mezclados, al ejecutarse a la vez los tres hilos es el GIL el que le va dando el control a unos y a otros.

El tercer ejercicio de la fase consiste en crear hilos con un nombre concreto en la sentencia de creación. La sentencia es la siguiente:

**threading.Thread(name = 'NombreHilo',target=NombreFuncion)**

Del mismo modo que en el ejercicio número uno, vamos a añadir pequeñas paradas (*sleep*) para que veas cómo se muestra la información del hilo. El código fuente es el siguiente:

```
import time
import threading

def MostrarInformacion():
    print('Hilo:',threading.current_thread().getName(),'con identificador:',
    threading.current_thread().ident)
```

```
print("# Ejecución con hilos #")
hilo1 = threading.Thread(name = 'hilo1',target=MostrarInformacion)
hilo2 = threading.Thread(name = 'hilo2',target=MostrarInformacion)
hilo3 = threading.Thread(name = 'hilo3',target=MostrarInformacion)
hilo1.start()
time.sleep(1)
hilo2.start()
time.sleep(1)
hilo3.start()
hilo1.join()
hilo2.join()
hilo3.join()
```

La siguiente imagen muestra un ejemplo de ejecución del código fuente anterior:

```
=============== RESTART: /Users/alfre/Desktop/Ejercicios/7-1-3.py ==============
# Ejecución con hilos #
Hilo: hilo1 con identificador: 123145426014208
Hilo: hilo2 con identificador: 123145426014208
Hilo: hilo3 con identificador: 123145426014208
>>>
```

El cuarto ejercicio de la fase consiste únicamente en eliminar las sentencias *time.sleep(1)*. El código fuente es el siguiente:

```
import threading

def MostrarInformacion():
    print('Hilo:',threading.current_thread().getName(),'con identificador:',
threading.current_thread().ident)

print("# Ejecución con hilos #")
hilo1 = threading.Thread(name = 'hilo1',target=MostrarInformacion)
hilo2 = threading.Thread(name = 'hilo2',target=MostrarInformacion)
hilo3 = threading.Thread(name = 'hilo3',target=MostrarInformacion)
hilo1.start()
hilo2.start()
hilo3.start()
hilo1.join()
hilo2.join()
hilo3.join()
```

La siguiente imagen muestra un ejemplo de ejecución del código fuente anterior:

```
=============== RESTART: /Users/alfre/Desktop/Ejercicios/7-1-4.py ==============
# Ejecución con hilos #
Hilo:Hilo:Hilo:   hilo1hilo2hilo3   con identificador:con identificador:con identi
ficador:   12314540437504012314542116454412314543795404 8
```

Tal y como puedes observar en la ejecución, los hilos se ejecutan a la vez, ya que escriben por pantalla toda la información mezclada.

El quinto ejercicio de la fase consiste en eliminar las sentencias *join* del ejercicio anterior para que compruebes que la ejecución del programa acaba antes de que lo hagan los hilos. El código fuente es el siguiente:

```
import threading

def MostrarInformacion():
    print('Hilo:',threading.current_thread().getName(),'con identificador:',
threading.current_thread().ident)

print("# Ejecución con hilos #")
hilo1 = threading.Thread(name = 'hilo1',target=MostrarInformacion)
hilo2 = threading.Thread(name = 'hilo2',target=MostrarInformacion)
hilo3 = threading.Thread(name = 'hilo3',target=MostrarInformacion)
hilo1.start()
hilo2.start()
hilo3.start()
```

La siguiente imagen muestra un ejemplo de ejecución del código fuente anterior:

```
=============== RESTART: /Users/alfre/Desktop/Ejercicios/7-1-5.py ==============
# Ejecución con hilos #
Hilo:Hilo:Hilo:
>>>    hilo1hilo2hilo3   con identificador:con identificador:con identificador:  1
23145454891008123145471680512123145488470016
```

La finalización del programa viene indicada por ">>>" y como puedes observar después de terminar los hilos siguen ejecutándose y mostrando información por pantalla.

El sexto ejercicio de la fase consiste en cambiar el ejercicio número cuatro, los hilos los vamos a crear una vez termine la ejecución del hilo anterior. El código fuente es el siguiente:

```
import threading

def MostrarInformacion():
    print('Hilo:',threading.current_thread().getName(),'con identificador:',
threading.current_thread().ident)

print("# Ejecución con hilos #")
hilo1 = threading.Thread(name = 'hilo1',target=MostrarInformacion)
hilo2 = threading.Thread(name = 'hilo2',target=MostrarInformacion)
hilo3 = threading.Thread(name = 'hilo3',target=MostrarInformacion)
hilo1.start()
hilo1.join()
hilo2.start()
hilo2.join()
hilo3.start()
hilo3.join()
```

La siguiente imagen muestra un ejemplo de ejecución del código fuente anterior:

```
=============== RESTART: /Users/alfre/Desktop/Ejercicios/7-1-6.py =============
# Ejecución con hilos #
Hilo: hilo1 con identificador: 123145383403520
Hilo: hilo2 con identificador: 123145383403520
Hilo: hilo3 con identificador: 123145383403520
>>>
```

El séptimo ejercicio de la fase consiste en aprender a pasar parámetros a la función que es ejecutada con el hilo.

La forma de indicar al hilo los parámetros es en la sentencia de creación del hilo, que sigue el siguiente formato:

*threading.Thread(target=NombreFuncion,args=(Parametros),kwargs={ListaParámetrosVariables})*

Para la realización del ejercicio vamos a añadir dos parámetros de entrada a la función *MostrarInformacion*, el primero de ellos es un entero que representa el número de hilo y el segundo es una secuencia variable de parámetros.

La funcionalidad del ejercicio consiste en crear diferentes hilos que mostrarán por pantalla la secuencia indicada por parámetros a la función. Los hilos van a ser creados utilizando un bucle y cada hilo no se creará hasta que el anterior haya terminado. El código fuente es el siguiente:

```
import threading

def MostrarInformacion(num_hilo, **secuencia):
    print('Hilo:',threading.current_thread().getName(),'con identificador:',
threading.current_thread().ident)

    for valor in range(secuencia['comienzo'],secuencia['fin'],1):
        print(valor);

print("# Ejecución con hilos #")

HILOS = 3

for num_hilo in range(HILOS):
    comienzo = num_hilo*10
    fin = 10 + num_hilo*10
    hilo =
threading.Thread(target=MostrarInformacion,args=(num_hilo,),kwargs={'comienzo':comienzo,
'fin':fin})
    hilo.start()
    hilo.join()
```

La siguiente imagen muestra un ejemplo de ejecución del código fuente anterior:

```
=============== RESTART: /Users/alfre/Desktop/Ejercicios/7-1-7.py ===============
# Ejecución con hilos #
Hilo: Thread-1 con identificador: 123145562398720
0
1
2
3
4
5
6
7
8
9
Hilo: Thread-2 con identificador: 123145562398720
10
11
12
13
14
15
16
17
18
19
Hilo: Thread-3 con identificador: 123145562398720
20
21
22
23
24
25
26
27
28
29
>>>
```

El octavo ejercicio de la fase consiste únicamente en eliminar la sentencia *join* para que los hilos se ejecuten todos a la vez. Además, el programa acabará y los hilos continuarán ejecutándose.

El código fuente es el siguiente:

```python
import threading

def MostrarInformacion(num_hilo, **secuencia):
    print('Hilo:',threading.current_thread().getName(),'con identificador:',
threading.current_thread().ident)

    for valor in range(secuencia['comienzo'],secuencia['fin'],1):
        print(valor);

print("# Ejecución con hilos #")

HILOS = 3

for num_hilo in range(HILOS):
    comienzo = num_hilo*10
    fin = 10 + num_hilo*10
```

```
hilo =
threading.Thread(target=MostrarInformacion,args=(num_hilo,),kwargs={'comienzo':comienzo,
'fin':fin})
   hilo.start()
```

La siguiente imagen muestra un ejemplo de ejecución del código fuente anterior:

```
=============== RESTART: /Users/alfre/Desktop/Ejercicios/7-1-8.py ==============
# Ejecución con hilos #
Hilo:Hilo:Hilo:
>>> Thread-1Thread-2Thread-3   con identificador:con identificador:con identific
ador:    1231454192803841231454360698881231454522859392

01020

11121

21222

31323

41424

51525

61626

71727

81828

91929
```

## FASE 2: PROCESOS

La segunda fase del objetivo consiste en aprender a utilizar los procesos en Python.

Python dispone de una librería llamada *multiprocessing* que es la que contiene todo lo que necesitas para trabajar con procesos. Para poder utilizarla tienes que importarla en tu programa, del mismo modo que importas otras librerías:

### *import multiprocessing*

La creación de procesos en Python está asociada a funciones existentes en el código, es decir, utilizando la librería crearás el proceso y le indicarás la función asociada con dicho proceso. Es necesario asignar el resultado de la creación a una variable para poder manejar el proceso y realizar operaciones sobre él. La siguiente sentencia muestra cómo hacerlo:

*Variable = multiprocessing.Process(target=NombreFuncion())*

A lo largo de la fase vamos a explicarte diferentes variantes a la hora de crear los procesos.

Una vez has creado el proceso el siguiente paso es inicializarlo, para ello es necesario utilizar el método *start*, de esta forma el proceso empezará a ejecutarse:

*Variable.start()*

Los procesos tienen una funcionalidad que permite detener el programa hasta que termina de ejecutarse el proceso, hablamos del método *join*.

*Variable.join()*

La librería *multiprocessing* nos permite obtener el nombre del proceso que se está ejecutando y el identificador de este, funcionalidades muy útiles que te permitirán tener una visualización del estado de la ejecución de tu programa. Las sentencias son las siguientes:

* *multiprocessing.current_process().name*
* *os.getpid()*

La primera sentencia devuelve el nombre del proceso y la segunda el identificador de este. Para poder utilizar la segunda es necesario que importes el módulo *os* que explicamos en la fase quinta de objetivo anterior.

Los ejercicios de la fase vamos a ejecutarlos utilizando el terminal o consola del sistema operativo, el manejo de procesos desde IDLE tiene ciertas limitaciones. Si no sabes ejecutar programas en Python con el terminal o consola lee el **Anexo 1** en el que te explicamos cómo hacerlo.

El primer ejercicio de la fase tiene como objetivo que aprendas a crear procesos, ejecutarlos y que veas la diferencia con la ejecución de la función desde un proceso y desde el programa principal.

```
import os
import time
import threading
```

```
import multiprocessing

def MostrarInformacion():
    print("PID: %s, Nombre proceso: %s" % (
        os.getpid(),
        multiprocessing.current_process().name)
)

if __name__ == '__main__':
    MostrarInformacion()
    proceso1 = multiprocessing.Process(target=MostrarInformacion)
    proceso2 = multiprocessing.Process(target=MostrarInformacion)
    proceso3 = multiprocessing.Process(target=MostrarInformacion)
    proceso1.start()
    proceso2.start()
    proceso3.start()
    proceso1.join()
    proceso2.join()
    proceso3.join()
```

Veamos el código fuente en detalle. Hemos creado una función *MostrarInformacion* que mostrará la información del proceso que la está ejecutando. Dicha función será ejecutada una vez desde el programa principal y después tres veces con procesos.

La siguiente imagen muestra un ejemplo de ejecución del código fuente anterior:

En la salida puedes observar lo siguiente:
- La primera línea se corresponde con el proceso del programa principal (*MainProcess*).
- Las otras tres líneas se corresponden con la ejecución de la función desde los diferentes procesos. Puedes observar que identificador (*PID*) y el nombre de todos ellos es diferente, no solamente entre ellos, también son diferentes al del programa principal.

El segundo ejercicio de la fase consiste en añadir hilos en procesos. El objetivo es mostrar por pantalla la información de todos los procesos e hilos que se ejecutan. El código fuente es el siguiente:

```
import os
import time
import threading
import multiprocessing
```

```
def MostrarInformacion():
    print("PID: %s, Nombre proceso: %s, Nombre hilo: %s" % (
        os.getpid(),
        multiprocessing.current_process().name,
        threading.current_thread().name))
    time.sleep(1)
def Proceso():
    hilo1 = threading.Thread(target=MostrarInformacion)
    hilo2 = threading.Thread(target=MostrarInformacion)
    hilo1.start()
    hilo2.start()
    hilo1.join()
    hilo2.join()
if __name__ == '__main__':
    proceso1 = multiprocessing.Process(target=Proceso)
    proceso2 = multiprocessing.Process(target=Proceso)
    proceso3 = multiprocessing.Process(target=Proceso)
    proceso1.start()
    proceso2.start()
    proceso3.start()
    proceso1.join()
    proceso2.join()
    proceso3.join()
```

Veamos el código fuente en detalle. El programa va a crear tres procesos diferentes que ejecutará la función *Proceso*, desde dicha función se van a crear dos hilos por proceso que mostrarán por pantalla el identificador del proceso, el nombre del proceso y el nombre del hilo.

La siguiente imagen muestra varios ejemplos de ejecución del código fuente anterior:

El tercer y último ejercicio de la fase consiste en aprender a utilizar el paso de parámetros a los procesos. Para ello, vamos a realizar con procesos el ejercicio número siete de la fase anterior. La forma de pasar parámetros es exactamente igual que con los hilos, mediante *args* y *kwargs*. El código fuente es el siguiente:

```python
import os
import time
import threading
import multiprocessing

def MostrarInformacion(comienzo, fin):
    print("PID: %s, Nombre proceso: %s, Nombre hilo: %s" % (
        os.getpid(),
        multiprocessing.current_process().name,
        threading.current_thread().name))
    for valor in range(comienzo,fin,1):
        print(valor);
if __name__ == '__main__':
    NUM_PROCESOS = 3
    for num_proceso in range(NUM_PROCESOS):
        comienzo = num_proceso*5
        fin = 5 + num_proceso*5
        proceso = multiprocessing.Process(target=MostrarInformacion,args=(comienzo, fin,))
        proceso.start()
        proceso.join()
```

La siguiente imagen muestra un ejemplo de ejecución del código fuente anterior:

Tal y como puedes observar, cada proceso tiene un identificador y nombre diferente, además, cada uno realiza únicamente el conteo que se le ha pasado como parámetro a la función.

AHORA ERES CAPAZ DE...

En este séptimo objetivo has adquirido los siguientes conocimientos:
- Programación paralela utilizando procesos.
- Programación paralela utilizando hilos.

En este octavo objetivo vamos a explicarte qué son las bases de datos y cómo se utilizan en Python. Además, aprenderás los conceptos básicos del lenguaje que se utiliza para trabajar con bases de datos (SQL) y del modelo entidad-relación.

El objetivo está compuesto por las cinco fases que se indican a continuación:

- Primera: creación de bases de datos.
- Segunda: inserción de registros en bases de datos.
- Tercera: lectura de información de bases de datos.
- Cuarta: actualización de información en bases de datos.
- Quinta: borrado de registros de bases de datos.

## CONCEPTOS TEÓRICOS

En este apartado vamos a explicarte los conceptos teóricos necesarios para que entiendas qué son las bases de datos, qué beneficios tiene su uso, cómo interactuar con ellas utilizando SQL y el modelo de entidad-relación. Además, te explicaremos qué es SQLite, que es la base de datos que utilizaremos en los ejercicios.

## ¿QUÉ ES UNA BASE DE DATOS?

Las bases de datos son un conjunto de datos de cualquier tipo que son almacenados para ser usados posteriormente. En otras palabras, una base de datos almacena grandes cantidades de información que puede ser utilizada o modificada por aplicaciones informáticas.

Algunos ejemplos de uso de bases de datos pueden ser:

- Universidades: almacenar información de los alumnos, matrículas, asignaturas y notas.
- Salud: almacenar información de los pacientes, historial médico, información de los médicos, información de los medicamentos y citas.
- Banca: almacenar información de los clientes, información de las cuentas bancarias, transacciones bancarias, información de las hipotecas y préstamos.

- Tienda: almacenar información de los productos, información del stock y precios.
- Compañía telefónica: almacenar información de los clientes, información de las líneas, registros de llamadas y mensajes.
- Departamento de Recursos Humanos: almacenar información de los empleados, salarios y nóminas.

Las bases de datos son sistemas complejos que son manejados y gestionados por un software específico llamado **S**istema **G**estor de **B**ases de **D**atos (**SGBD**). Los SGBD permiten a los usuarios de las bases de datos no tener que preocuparse por cosas como el almacenamiento físico de los datos, su consistencia, la seguridad, etc. Es decir, los SGBD se sitúan entre el usuario y la propia base de datos para facilitar las operaciones que el usuario hace con la base de datos, no teniendo que preocuparse por ésta. Así sería gráficamente:

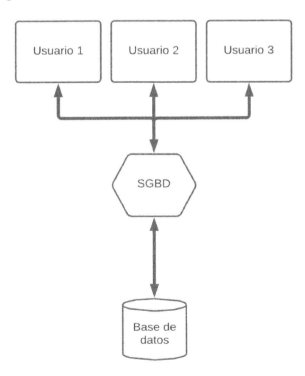

Los SGDB están compuestos por diferentes elementos que se encargan de operaciones diferentes. Los más importantes son:

- **Gestor de archivos**: se encarga de todas las operaciones referentes a la gestión de los archivos que componen la base de datos.
- **Controlador de autorización**: se encarga de todos los aspectos relacionados con la seguridad a la hora de acceder a la información que contiene la base de datos.
- **Procesador de consultas**: se encarga de ejecutar las órdenes que recibe de los usuarios.
- **Optimizador de consultas**: se encarga de evaluar, según criterios estadísticos, de evaluar y determinar la forma óptima de ejecutar las consultas.
- **Controlador de integridad**: se encarga de asegurar la integridad de la información en todas las operaciones que se realizan con la base de datos.
- **Planificador**: se encarga de asegurar el acceso concurrente y sin conflictos a la base de datos.
- **Gestor de recuperación**: se encarga de recuperar la base de datos en caso de que existan problemas con la misma.

## BENEFICIOS DE USO

Los beneficios más relevantes de utilizar bases de datos para el almacenamiento de la información son los siguientes:

- **Incrementan el posible uso de los datos**: al no almacenar los datos en los aplicativos y hacerlo utilizando una base de datos se consigue que los datos sean tratados como una entidad independiente, no estando ligados a un aplicativo concreto. Lo que favorece el que puedan ser utilizados por más de un aplicativo y/o usuario.
- **Incrementan la seguridad de los datos**: las bases de datos proveen mecanismos de seguridad propios que no tendríamos disponibles si no las usásemos.
- **Único punto de la verdad**: este punto está ligado al primero, ya que, al utilizar una base de datos no tendremos datos repetidos en los diferentes aplicativos. Los datos estarán almacenados en la base de datos y todos los aplicativos podrán utilizar los datos según los necesiten, pero todos los harán con la misma información, sin tener que estar sincronizando datos entre ellos.

- **Ahorro de memoria**: la memoria necesaria para almacenar la información será menor, ya que únicamente se tienen almacenados los datos una única vez en lugar de que los aplicativos tengan sus datos almacenados.
- **Reduce tiempos de desarrollo**: el usuario únicamente tiene que preocuparse de utilizar los datos, ya que del resto de operaciones se encarga el SGBD.

## BASES DE DATOS RELACIONALES

Existen diferentes tipos de bases de datos que se diferencian entre ellas en cómo manejan y organizan la información que almacenan. La variedad es muy alta, pero, hay un tipo de base de datos que destaca sobre el resto por ser el más utilizado en todo el mundo, que es el tipo de **bases de datos relacionales**, que es el que te explicaremos en este objetivo.

Las bases de datos relacionales aparecieron a finales de los años 60 y fueron definidas por Edgar Codd. Poco a poco, el modelo de base de datos relacional empezó a ser más popular, hasta extenderse mundialmente. El modelo de bases de datos relacional ofreció una forma estándar de representar y consultar los datos y que podía ser utilizado por cualquier aplicación.

Los objetivos de las bases de datos relacionales son los siguientes:

- **Independencia física**: la forma en la que se almacenan los datos no debe influir en como se manipulan.
- **Independencia lógica**: las aplicaciones que utilizan la base de datos no deben ser modificadas por modificar los valores de los elementos de la base de datos.
- **Flexibilidad**: la base de datos ofrece distintas opciones de visualización de los datos en función del usuario o aplicación que la usa.
- **Uniformidad**: la estructura interna de la base de datos siempre tiene la misma forma, tablas.
- **Sencillez**

Tal y como acabamos de decirte, las bases de datos relacionales utilizan siempre la misma estructura para la información, las **tablas**. Las tablas se representan gráficamente como una estructura rectangular formada por **filas** y **columnas**. En las columnas (también llamadas atributos) se almacena información sobre una propiedad determinada de la tabla, como, por ejemplo: nombre, apellidos, edad… En las filas se almacenan tuplas de valores formadas por un único valor para cada atributo que compone la tabla.

Las tablas siempre van a tener un nombre y van a estar compuestas por atributos en sus columnas y por tuplas de valores en sus filas. La siguiente imagen muestra como sería una tabla de forma conceptual:

**NOMBRE TABLA**

|  | Atributo 1 | Atributo 2 | ... | Atributo N |
|---|---|---|---|---|
| Tupla 1 | Valor 1 - 1 | Valor 1 - 2 | | Valor 1 - N |
| Tupla 2 | Valor 2 - 1 | Valor 2 - 2 | | Valor 2 - N |

Veamos un ejemplo concreto:

**PERSONA**

|  | Nombre | Apellido | Telefono |
|---|---|---|---|
| Tupla 1 | Leonardo | Da Vinci | 666777888 |
| Tupla 2 | Nikola | Tesla | 654321987 |

Tal y como puedes ver, en el ejemplo, hemos definido una tabla llamada *Persona* que tiene como atributos *Nombre*, *Apellido* y *Telefono*. La tupla número uno está compuesta por los valores (*Leonardo, Da Vinci, 666777888*). La tupla número dos está compuesta por los valores (*Nikola, Tesla, 654321987*).

Por definición, los atributos de las tablas son valores escalares, esto quiere decir que en cualquier posición de la tabla existirá un único valor.

Por último, vamos a explicarte lo que son las claves. En el modelo de bases de datos relacional existen dos tipos de claves:

- **Claves primarias**: es un atributo cuyo valor no puede estar duplicado en una misma tabla y permite identificar a cada registro de manera unívoca.
- **Claves foráneas**: es un atributo en una tabla que hace referencia a la clave primaria de otra tabla.

El tipo de dato que pueden contener los atributos de las tablas tiene que ser especificado cuando creas la tabla. Hay una gran variedad de tipos de datos, pero nosotros en el objetivo únicamente vamos a trabajar los tipos de datos enteros y cadena de texto, que son los más comunes.

## MODELO ENTIDAD-RELACIÓN

El modelo entidad-relación es el modelo de representación de la estructura de las bases de datos relacionales. Los datos y sus relacionales se representan utilizando diagramas compuestos por diferentes tipos de elementos. Los elementos que componen los diagramas son los siguientes:

- **Entidad**: las entidades representan cosas u objetos independientes y claramente diferenciados entre sí y normalmente se corresponden con **tablas**. En la siguiente imagen puedes ver cómo se representan las entidades en los diagramas:

El diagrama está compuesto por tres entidades: Película, Director y Videoclub.

- **Atributos**: los atributos son las características/propiedades de cada entidad que proporcionan información sobre la misma y normalmente se corresponden con **atributos/columnas** en las tablas. Un ejemplo de atributos de la entidad Película que hemos visto antes podría ser:

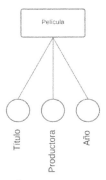

La entidad Película estaría compuesta por los atributos Título, Productora y Año, aunque podría tener muchos más.

- **Relación**: representan vínculos entre entidades. Las relaciones son elementos que no se relacionan directamente con elementos de la base de datos, en algunas ocasiones las crearás como un atributo dentro de la tabla, en otra con una tabla que relacione las dos entidades, etc. En el ejemplo que estamos viendo, una película está dirigida por un director. La forma de representarlo sería así:

Lo más característico de las relaciones es que pueden tener cardinalidad a la hora de relacionar dichas entidades. Veamos qué tipo de cardinalidades hay:

o **Uno a Uno**: los registros de las entidades únicamente se relacionan con un registro de esta. Por ejemplo, si considerásemos el Título como una entidad en lugar de cómo un atributo la relación sería uno a uno y sería representada de la siguiente manera:

o **Uno a Varias o Varios a Uno**: un registro de la entidad puede estar relacionado varias veces con otro registro de la otra entidad, pero cada registro de esta únicamente existe una sola vez. Este tipo de cardinalidad puede ser también *Cero a Varias* o *Varias a Cero*. En el ejemplo que estamos viendo, la relación entre Película y Director sería un ejemplo de este tipo de cardinalidad:

o **Varios a Varios**: indica que un registro de una entidad puede relacionarse con ninguno o varios registros de la otra entidad y viceversa. En el ejemplo este tipo de relación podría ser la de Película y Videoclub, una película puede estar en ningún, uno o varios videoclubs y un videoclub puede tener ninguna película, una o varias. La forma de representarlo sería la siguiente:

## SQL

**SQL** (**S**tructured **Q**uery **L**anguage) es el lenguaje estándar de las bases de datos relacionales. Fue estandarizado por ANSI (Instituto Americano de Estándares) en 1986 y por ISO (Organización Internacional de Normalización) en 1987. Al igual que el modelo relacional, SQL es sencillo y potente, lo que hace que la utilización de bases de datos relacionales sea algo realmente sencillo.

Mediante SQL se pueden hacer las siguientes operaciones en una base de datos relacional:

- **Manipulación de la base de datos**: SQL provee un conjunto de sentencias que te van a permitir manipular la estructura de la base de datos. Por manipular la estructura de la base de datos entendemos operaciones como por ejemplo crear/modificar/borrar tablas.
- **Manipulación de los datos de la base de datos**: SQL provee un conjunto de sentencias que te van a permitir manipular la información almacenada por las tablas que componen la base de datos. Básicamente, son las operaciones llamadas **CRUD** (**C**reate, **R**ead, **U**pdate, **D**elete), traducidas al castellano son: Crear, Leer, Modificar y Borrar.

En las diferentes fases te iremos explicando las diferentes sentencias.

## SQLITE

SQLite es una biblioteca escrita en el lenguaje de programación C y que implementa un SGDB completo. SQLite es un proyecto de software libre y además es multiplataforma, por lo que puede ser utilizada en cualquier tipo de sistema operativo (Microsoft Windows, Mac, Linux…).

La razón de elegir SQLite para enseñarte a trabajar con bases de datos y Python es porque es una base de datos sencilla, que no requiere instalación ni configuración, es gratuita, multiplataforma, multilenguaje y además implementa el estándar SQL.

## FASE 1: CREACIÓN DE LA BASE DE DATOS

La primera fase del objetivo consiste en aprender a crear bases de datos utilizando *DB Browser for SQLite*. La base de datos que crearemos en este ejercicio es la que utilizaremos en las siguientes fases, en las que haremos inserciones, modificaciones, lectura y borrados de información de la base de datos. En el objetivo vamos a utilizar un modelo entidad-relación que es el siguiente:

El modelo está compuesto por una entidad llamada "Teléfono Móvil" y otra "Fabricante". La relación entre ambas entidades es que un teléfono móvil estará fabricado por un fabricante y un fabricante puede tener cero o muchos teléfonos móviles fabricados.

El primer ejercicio consiste en crear la base de datos. Abre el programa "*DB Browser for SQLite*" y verás la siguiente pantalla:

Sigue los siguientes pasos para crear la base de datos:
1. Selecciona la opción "Nueva base de datos" (localizado en la esquina superior izquierda)
2. Elige la ruta donde guardar la base de datos. Te aconsejamos que la guardes en la misma ruta donde guardarás los ejercicios de este objetivo.
3. Ponle de nombre *Telefonos.db*.

En este momento la base de datos estará creada y se te abrirá de forma automática la siguiente ventana para que añadas tablas a la misma:

La pantalla está compuesta por los siguientes paneles:

- **Tabla**: aquí es donde le pondrás el nombre a la tabla.
- **Campos**: aquí es donde añadirás los atributos que tendrá la tabla. Para cada atributo hay que establecer la siguiente información:
  - Nombre: nombre del campo de la tabla.
  - Tipo: tipo de datos del campo.

- NN: indica si es campo puede ser nulo o no, es decir, si es obligatorio de rellenar.
- PK: indica si el campo es clave primaria de la tabla.
- AI: indica si el campo es un auto incremental (válido para enteros o claves).
- U: indica si el campo es único, es decir, no pueden existir valores repetidos para ese campo en toda la tabla.
- Por defecto: indica un valor por defecto para el campo.
- Check: se usa para verificar si el valor de la columna está en el dominio especificado. Esto impide que se asignen valores no válidos a la columna.

- **SQL**: aquí es donde podrás ver la sentencia SQL que crea la tabla que defines en los paneles anteriores. El código fuente no se puede modificar si no es mediante los paneles.

La primera tabla que vamos a crear es la tabla *Telefono*, que almacenará la información de los teléfonos. Estará compuesta por los siguientes atributos:

- id: número entero utilizado para identificar el teléfono de forma única. El campo será la clave primaria de la tabla, por lo tanto, será no nula y única. El campo será auto incremental.
- FabricanteId: número entero para identificar el fabricante del teléfono. Se utilizará para relacionar el teléfono con su fabricante, para los que crearemos una tabla posteriormente. El campo es no nulo.
- NombreModelo: texto que indica el nombre del modelo del teléfono móvil. El campo es no nulo.
- MemoriaRAM: entero que indica la cantidad de memoria RAM que tiene el teléfono móvil. El campo es no nulo.
- CamaraMPixeles: entero que indica la cantidad de megapíxeles que tiene la cámara del teléfono móvil. El campo es no nulo.
- VersionSO: texto que indica la versión del sistema operativo que tiene el teléfono móvil. El campo admite valores nulos.

En la siguiente imagen puedes ver una captura con la definición de la tabla:

Tabla

Telefono

✔ Avanzado

Campos   Restricciones

| Nombre | Tipo | NN | PK | AI | U | Por defecto | Check | Comparación | Clave for |
|--------|------|----|----|----|----|-------------|-------|-------------|-----------|
| id | INTEGER | ☑ | ☑ | ☑ | ☑ | | | ⊙ | |
| FabricanteId | INTEGER | ☑ | ☑ | | | | | ⊙ | |
| NombreModelo | TEXT | ☑ | ☑ | | | | | ⊙ | |
| Capacidad | INTEGER | ☑ | ☑ | | | | | ⊙ | |
| MemoriaRAM | INTEGER | ☑ | ☑ | | | | | ⊙ | |
| CamaraMPixeles | INTEGER | ☑ | ☑ | | | | | ⊙ | |
| VersionSO | TEXT | ☑ | | | | | | ⊙ | |

```
1   CREATE TABLE "Telefono" (
2       "id" INTEGER NOT NULL UNIQUE,
3       "FabricanteId" INTEGER NOT NULL,
4       "NombreModelo" TEXT NOT NULL,
5       "Capacidad" INTEGER NOT NULL,
6       "MemoriaRAM" INTEGER NOT NULL,
7       "CamaraMPixeles" INTEGER NOT NULL,
8       "VersionSO" TEXT,
9       PRIMARY KEY("id" AUTOINCREMENT)
10  );
```

Cancelar   Aceptar

La siguiente tabla que crearemos es *Fabricante*, que almacenará la información de todos los fabricantes de teléfonos. Estará compuesta por los siguientes campos:

- id: número entero utilizado para identificar al fabricante de forma única. El campo será la clave primaria de la tabla, por lo tanto, será no nula y única. El campo será auto incremental. El identificador es utilizado en la tabla *Telefono* para relacionar las dos entidades.
- Nombre: texto que indica el nombre del fabricante. El nombre es un campo único, ya que no pueden existir más de un fabricante con el mismo nombre. El campo es no nulo.
- Telefono: texto que indica el teléfono de contacto con el fabricante. El campo es no nulo.
- Direccion: texto que indica la dirección en la que se encuentra el fabricante. El campo admite valores nulos.
- Email: texto que indica el email de contacto del fabricante. El campo admite valores nulos.

En la siguiente imagen puedes ver una captura con la definición de la tabla:

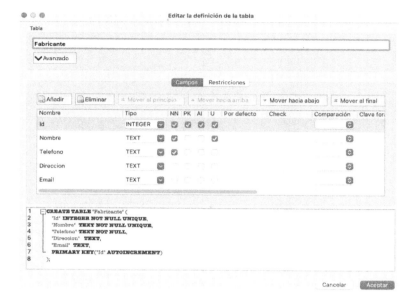

Llegados a este punto ya tienes la base de datos creada para poder continuar con las siguientes fases del objetivo. La base de datos, al igual que los ejercicios, se encuentra disponible en el material descargable que proporcionamos con el libro.

## FASE 2: INSERTANDO DATOS

La segunda fase del objetivo consiste en aprender a insertar información en bases de datos utilizando código fuente y sentencias SQL.

La sentencia SQL que se utiliza para realizar inserciones es la siguiente:

INSERT INTO *NombreTabla* VALUES(*ListaDeValores*)

Veámoslo en detalle:

- NombreTabla: indica el nombre de la tabla en la que se desea insertar información.
- ListaDeValores: son los valores del registro a insertar, se ponen separados por coma.

Lo primero que tienes que hacer para utilizar bases de datos SQLite es importar el módulo de Python que te permitirá trabajar con ellas:

*import sqlite3*

Posteriormente, hay que realizar la conexión a la base de datos utilizando el siguiente comando:

*Variable = sqlite3.connect('RutaYNombreBaseDatos')*

En el parámetro que recibe el método *connect* tendrás que indicar la ruta del fichero de la base de datos. El método de conexión devuelve la conexión a la base de datos, por tanto, tienes que asignarlo a una variable para poder interactuar con la misma.

El siguiente paso es crear un *cursor* para poder realizar operaciones utilizando la base de datos. La sentencia para crear un cursor es *cursor()* como método de la variable que utilizaste en el método para conectar a la base de datos.

Utilizando el cursor podrás ejecutar sentencias SQL con el siguiente método:

*cursor.execute("SentenciaSQL")*

El parámetro que recibe el método *execute* es la sentencia SQL como cadena de texto.

Una vez has realizado las inserciones en la base de datos es el momento de consolidar la información que has insertado, es decir, decirle a la base de datos que termine de insertar internamente la información que le has dicho que inserte. Esto se realiza con el método *commit()* de la variable obtenida al realizar la conexión con la base de datos. Es obligatorio utilizar este comando si quieres que la información se guarde en base de datos.

Por último, hay que cerrar la conexión a la base de datos con el método *close()* de la variable obtenida al realizar la conexión con la base de datos.

Resumamos los pasos genéricos a realizar:
1.  Apertura de la conexión a la base de datos.
2.  Creación de un cursor para realizar operaciones contra la base de datos e inserción de los registros.

3. Consolidar la información en la base de datos mediante el comando *commit*. La inserción sólo se realizará si consolidas, en caso contrario no.
4. Cerrar la conexión a la base de datos.

El primer ejercicio de la fase consiste únicamente en realizar la inserción de un fabricante. El código fuente es el siguiente:

```
import sqlite3

database = sqlite3.connect('Telefonos.db')

fabricante = (1, 'Apple', '912345678', 'Puerta del Sol 1, Madrid','info@apple.es')
print('Registro a insetar: ',fabricante)

cursor = database.cursor()
cursor.execute("INSERT INTO Fabricante VALUES(?,?,?,?,?)", fabricante)

database.commit()
print('¡Registro insertado!')
database.close()
```

Al ejecutar el ejercicio verás la siguiente salida:

```
=============== RESTART: /Users/alfre/Desktop/Ejercicios/8-2-1.py =============
Registro a insetar:  (1, 'Apple', '912345678', 'Puerta del Sol 1, Madrid', 'info@apple.es')
¡Registro insertado!
>>>
```

Comprobemos ahora la información utilizando el aplicativo de bases de datos. Para ello, ve al menú "Hoja de datos", selecciona en el desplegable *Tabla* la tabla *Fabricante*:

El segundo ejercicio de la fase consiste en insertar el resto de información que tendrá la base de datos. En el ejercicio insertaremos en las tablas *Fabricante* y *Telefono*. El código fuente es el siguiente:

```
import sqlite3

database = sqlite3.connect('Telefonos.db')

fabricante = (2, 'Xiaomi', '999888777', 'Centro Comercial la Gavia','hola@xiaomi.com')
```

```python
print('Fabricante a insetar: ',fabricante)

cursor = database.cursor()
cursor.execute("INSERT INTO Fabricante VALUES(?,?,?,?,?)", fabricante)

database.commit()
print('¡Fabricante insertado!')

telefono1 = (1, 1,'iPhone 12',128,4,20,'iOS 14')
print('Teléfono a insetar: ',telefono1)
telefono2 = (2, 1,'iPhone XR',512,6,30,'iOS 14')
print('Teléfono a insetar: ',telefono2)
telefono3 = (3, 2,'RedMi Note 9',128,4,20,'Android 9')
print('Teléfono a insetar: ',telefono3)
telefono4 = (4, 2,'Mi 10',128,4,20,'Android 10')
print('Teléfono a insetar: ',telefono4)

cursor.execute("INSERT INTO Telefono VALUES(?,?,?,?,?,?,?)", telefono1)
cursor.execute("INSERT INTO Telefono VALUES(?,?,?,?,?,?,?)", telefono2)
cursor.execute("INSERT INTO Telefono VALUES(?,?,?,?,?,?,?)", telefono3)
cursor.execute("INSERT INTO Telefono VALUES(?,?,?,?,?,?,?)", telefono4)

database.commit()
print('¡Teléfonos insertados!')

database.close()
```

La siguiente imagen muestra un ejemplo de ejecución del código fuente anterior:

```
===================== RESTART: /Users/alfre/Desktop/Ejercicios/8-2-2.py =====================
Fabricante a insetar:  (2, 'Xiaomi', '999888777', 'Centro Comercial la Gavia', 'hola@xiaomi.com')
¡Fabricante insertado!
Teléfono a insetar:  (1, 1, 'iPhone 12', 128, 4, 20, 'iOS 14')
Teléfono a insetar:  (2, 1, 'iPhone XR', 512, 6, 30, 'iOS 14')
Teléfono a insetar:  (3, 2, 'RedMi Note 9', 128, 4, 20, 'iOS 14')
Teléfono a insetar:  (4, 2, 'Mi 10', 128, 4, 20, 'iOS 14')
¡Teléfonos insertados!
>>>
```

Comprobemos ahora cómo aparece toda la información insertada en *DB Browser for SQLite*. La siguiente imagen muestra la tabla *Fabricante*:

| Id | Nombre | Telefono | Direccion | Email |
|---|---|---|---|---|
| ... | Filtro | Filtro | Filtro | Filtro |
| 1 | 1 Apple | 912345678 | Puerta del Sol 1,Madrid | info@apple.es |
| 2 | 2 Xiaomi | 999888777 | Centro Comercial la Gavia | hola@xiaomi.com |

La siguiente imagen muestra la tabla teléfono:

| id | FabricanteId | NombreModelo | Capacidad | MemoriaRAM | CamaraMPixeles | VersionSO |
|---|---|---|---|---|---|---|
| ... | Filtro | Filtro | Filtro | Filtro | Filtro | Filtro |
| 1 | 1 | 1 | iPhone 12 | 128 | 4 | 20 | iOS 14 |
| 2 | 2 | 1 | iPhone XR | 512 | 6 | 30 | iOS 14 |
| 3 | 3 | 2 | RedMi Note 9 | 128 | 4 | 20 | Android 9 |
| 4 | 4 | 2 | Mi 10 | 128 | 4 | 20 | Android 10 |

## FASE 3: LEYENDO DATOS

La tercera fase del objetivo consiste en aprender a leer información que está almacenada en la base de datos. Comúnmente las lecturas a base de datos se llaman consultas.

La sentencia SQL que se utiliza para realizar lecturas es la siguiente:

SELECT * FROM NombreTabla WHERE Condición

Veámosla en detalle:

- *: información que se lee de base de datos. El asterisco indica que se leerá toda la información de la tabla, aunque puede ser sustituido por el nombre de los atributos de la tabla que se quieren leer separados por comas.
- NombreTabla: nombre de la tabla que se quiere leer.
- Condición: la condición en la sentencia es opcional, por tanto, si no quieres añadir una condición a la lectura tienes que quitar el *WHERE* junto con la condición. En la condición se introduce una comparación, por ejemplo, que el nombre del fabricante sea *Apple*.

Los pasos a seguir en el código fuente para realizar lecturas son parecidos a los que vimos para las inserciones, pero sin la consolidación de los datos utilizando *commit*:

1. Apertura de la conexión a la base de datos.
2. Creación de un cursor para interactuar con la base de datos.
3. Ejecución de la lectura.
4. Utilizando el cursor leer los datos que devuelve la ejecución de la consulta.
5. Cerrar la conexión a la base de datos.

El primer ejercicio consiste en realizar la lectura de la tabla *Fabricante*. El código fuente es el siguiente:

```
import sqlite3
database = sqlite3.connect('Telefonos.db')
cursor = database.cursor()

cursor.execute("SELECT * FROM Fabricante")
print("Mostrando todos los fabricantes:")
for registro in cursor:
    print(registro)

database.close()
```

Presta atención a cómo accedemos a la información que se lee de la base de datos, mediante un bucle *for* vamos recorriendo el listado de datos devueltos por la sentencia de lectura.

La siguiente imagen muestra un ejemplo de ejecución del código fuente anterior:

```
=============== RESTART: /Users/alfre/Desktop/Ejercicios/8-3-1.py =============
Mostrando todos los fabricantes:
(1, 'Apple', '912345678', 'Puerta del Sol 1, Madrid', 'info@apple.es')
(2, 'Xiaomi', '999888777', 'Centro Comercial la Gavia', 'hola@xiaomi.com')
>>>
```

El segundo ejercicio de la fase consiste en realizar la lectura de la tabla teléfono. El código fuente es el siguiente, lo único que cambia es la sentencia de lectura:

```
import sqlite3
database = sqlite3.connect('Telefonos.db')
cursor = database.cursor()

cursor.execute("SELECT * FROM Telefono")
print("Mostrando todos los teléfonos:")
for registro in cursor:
    print(registro)

database.close()
```

La siguiente imagen muestra un ejemplo de ejecución del código fuente anterior:

```
=============== RESTART: /Users/alfre/Desktop/Ejercicios/8-3-2.py =============
Mostrando todos los telefonos:
(1, 1, 'iPhone 12', 128, 4, 20, 'iOS 14')
(2, 1, 'iPhone XR', 512, 6, 30, 'iOS 14')
(3, 2, 'RedMi Note 9', 128, 4, 20, 'Android 9')
(4, 2, 'Mi 10', 128, 4, 20, 'Android 10')
>>>
```

En el tercer ejercicio de la fase vas a aprender a relacionar ambas tablas mediante la relación que tienen. Tal y como te explicamos en la creación de la tabla, la tabla teléfono tiene un atributo que indica la clave primaria del registro con el que está relacionado de la tabla fabricante, este atributo se llama clave foránea. Además, aprenderás a leer atributos específicos de una tabla en lugar de utilizar el asterisco.

El código fuente es el siguiente:

```
import sqlite3
database = sqlite3.connect('Telefonos.db')
cursor = database.cursor()

cursor.execute("SELECT * FROM Fabricante")
for registro in cursor:
    print("Mostrando todos los teléfonos del fabricante: ", registro[1])
    cursortelefonos = database.cursor()
    parametro = (registro[0],)
    cursortelefonos.execute("SELECT NombreModelo, Capacidad, MemoriaRAM,
CamaraMPixeles, VersionSO FROM Telefono where FabricanteId = ?",parametro)
    for registrotelefono in cursortelefonos:
        print(registrotelefono[0],", ",registrotelefono[1], ", ", registrotelefono[2], ", ",
registrotelefono[3], ", ", registrotelefono[4])

database.close()
```

Presta atención a cómo se pasan parámetros a una sentencia SQL.

La siguiente imagen muestra un ejemplo de ejecución del código fuente anterior:

```
=============== RESTART: /Users/alfre/Desktop/Ejercicios/8-3-3.py ==============
Mostrando todos los teléfonos del fabricante:  Apple
iPhone 12 ,  128 ,  4 ,  20 ,  iOS 14
iPhone XR ,  512 ,  6 ,  30 ,  iOS 14
Mostrando todos los teléfonos del fabricante:  Xiaomi
RedMi Note 9 ,  128 ,  4 ,  20 ,  Android 9
Mi 10 ,  128 ,  4 ,  20 ,  Android 10
>>>
```

## FASE 4: MODIFICANDO DATOS

La cuarta fase del objetivo consiste en aprender a modificar información existente en una base de datos.

La sentencia SQL que se utiliza para realizar modificaciones es la siguiente:

UPDATE NombreTabla SET NombreAtributo = Valor WHERE Condición

Veámosla en detalle:

- NombreTabla: nombre de la tabla sobre la que se realizará la modificación de la información.
- NombreAtributo = Valor: indica el valor que se le asignará al atributo que se desea cambiar. Es posible introducir más de una asignación de valores a diferentes columnas, en el caso de hacerlo irán separadas por comas.
- Condición: la condición en la sentencia es opcional, por tanto, si no quieres añadir una condición a la modificación tienes que quitar el *WHERE* junto con la condición. En la condición se introduce una comparación, por ejemplo, que el nombre del fabricante sea *Apple*. Sólo serán modificados aquellos registros que cumplan la condición.

Los pasos a seguir en el código fuente para realizar modificaciones son parecidos a los que vimos para las inserciones:

1. Apertura de la conexión a la base de datos.
2. Creación de un cursor para interactuar con la base de datos.
3. Ejecución de las modificaciones de la información.
4. Consolidar la información en la base de datos mediante el comando *commit*. La actualización sólo se realizará si consolidas, en caso contrario no.
5. Cerrar la conexión a la base de datos.

En el primer ejercicio de la fase vamos a realizar una modificación en la tabla fabricantes, vamos a modificar el email del fabricante con identificador igual a 1 (*Apple*). El código fuente del ejercicio es el siguiente:

```
import sqlite3

database = sqlite3.connect('Telefonos.db')

cursor = database.cursor()

cursor.execute("SELECT * FROM Fabricante")
print("Mostrando todos los fabricantes:")
for registro in cursor:
    print(registro)

query = "UPDATE Fabricante SET Email = 'nuevoemail@apple.es' WHERE id = 1"
cursor.execute(query)
```

```
database.commit()
```

```
cursor.execute("SELECT * FROM Fabricante")
print("Mostrando todos los fabricantes después de la modificación:")
for registro in cursor:
    print(registro)
```

```
database.close()
```

La siguiente imagen muestra un ejemplo de ejecución del código fuente anterior:

```
=============== RESTART: /Users/alfre/Desktop/Ejercicios/8-4-1.py ==============
Mostrando todos los fabricantes:
(1, 'Apple', '912345678', 'Puerta del Sol 1, Madrid', 'info@apple.es')
(2, 'Xiaomi', '999888777', 'Centro Comercial la Gavia', 'hola@xiaomi.com')
Mostrando todos los fabricantes después de la modificación:
(1, 'Apple', '912345678', 'Puerta del Sol 1, Madrid', 'nuevoemail@apple.es')
(2, 'Xiaomi', '999888777', 'Centro Comercial la Gavia', 'hola@xiaomi.com')
>>>
```

El segundo ejercicio de la fase consiste en modificar la información de los teléfonos utilizando un parámetro de tipo texto; haremos una modificación de aquellos teléfonos que tienen un sistema operativo concreto a uno nuevo. El código fuente es el siguiente:

```
import sqlite3
```

```
database = sqlite3.connect('Telefonos.db')
```

```
cursor = database.cursor()
```

```
cursor.execute("SELECT * FROM Telefono")
print("Mostrando todos los teléfonos:")
for registro in cursor:
    print(registro)
```

```
query = "UPDATE Telefono SET VersionSO = 'iOS 15' WHERE VersionSO = 'iOS 14'"
cursor.execute(query)
database.commit()
```

```
cursor.execute("SELECT * FROM Telefono")
print("Mostrando todos los teléfonos después de la modificación:")
for registro in cursor:
    print(registro)
```

```
database.close()
```

La siguiente imagen muestra un ejemplo de ejecución del código fuente anterior:

```
=============== RESTART: /Users/alfre/Desktop/Ejercicios/8-4-2.py ==============
Mostrando todos los teléfonos:
(1, 1, 'iPhone 12', 128, 4, 20, 'iOS 14')
(2, 1, 'iPhone XR', 512, 6, 30, 'iOS 14')
(3, 2, 'RedMi Note 9', 128, 4, 20, 'Android 9')
(4, 2, 'Mi 10', 128, 4, 20, 'Android 10')
Mostrando todos los teléfonos después de la modificación:
(1, 1, 'iPhone 12', 128, 4, 20, 'iOS 15')
(2, 1, 'iPhone XR', 512, 6, 30, 'iOS 15')
(3, 2, 'RedMi Note 9', 128, 4, 20, 'Android 9')
(4, 2, 'Mi 10', 128, 4, 20, 'Android 10')
>>>
```

Veamos en DB Browser for SQLite cómo han quedado ambas tablas después de las modificaciones. La siguiente imagen muestra la tabla *Fabricante*:

| | Id | Nombre | Telefono | Direccion | Email |
|---|---|---|---|---|---|
| ... | Filtro | Filtro | Filtro | Filtro | Filtro |
| 1 | 1 | Apple | 912345678 | Puerta del Sol 1,Madrid | nuevoemail@apple.es |
| 2 | 2 | Xiaomi | 999888777 | Centro Comercial la Gavia | hola@xiaomi.com |

La siguiente imagen muestra la tabla teléfono:

| | id | FabricanteId | NombreModelo | Capacidad | MemoriaRAM | CamaraMPixeles | VersionSO |
|---|---|---|---|---|---|---|---|
| ... | Filtro | Filtro | Filtro | Filtro | Filtro | Filtro | Filtro |
| 1 | 1 | 1 | iPhone 12 | 128 | 4 | 20 | iOS 15 |
| 2 | 2 | 1 | iPhone XR | 512 | 6 | 30 | iOS 15 |
| 3 | 3 | 2 | RedMi Note 9 | 128 | 4 | 20 | Android 9 |
| 4 | 4 | 2 | Mi 10 | 128 | 4 | 20 | Android 10 |

## FASE 5: BORRANDO DATOS

La quinta fase del objetivo consiste en aprender a borrar información existente en una base de datros.

La sentencia SQL que se utiliza para realizar borrados es la siguiente:

DELETE FROM NombreTable WHERE Condición

Veámoslo en detalle:

- NombreTabla: nombre de la tabla sobre la que realizará el borrado de la información.

- Condición: la condición en la sentencia es opcional, por tanto, si no quieres añadir una condición al borrado tienes que quitar el *WHERE* junto con la condición. En la condición se introduce una comparación, por ejemplo, que el nombre del fabricante sea *Apple*. Sólo serán borrados aquellos registros que cumplan la condición.

Los pasos a seguir en el código fuente para realizar borrados son los mismos que vimos para inserciones y modificaciones:

1. Apertura de la conexión a la base de datos.
2. Creación de un cursor para interactuar con la base de datos.
3. Ejecución del borrado de la información.
4. Consolidar la información en la base de datos mediante el comando *commit*. El borrado sólo se efectuará si consolidas, en caso contrario no.
5. Cerrar la conexión a la base de datos.

El primer y único ejercicio de la fase consiste en realizar el borrado de uno de los registros de la tabla teléfono. El código fuente del ejercicio es el siguiente:

```
import sqlite3

database = sqlite3.connect('Telefonos.db')

cursor = database.cursor()

cursor.execute("SELECT * FROM Telefono")
print("Mostrando todos los teléfonos:")
for registro in cursor:
    print(registro)

query = "DELETE FROM Telefono WHERE NombreModelo = 'RedMi Note 9'"
cursor.execute(query)
database.commit()

cursor.execute("SELECT * FROM Telefono")
print("Mostrando todos los teléfonos:")
for registro in cursor:
    print(registro)

database.close()
```

La siguiente imagen muestra un ejemplo de ejecución del código fuente anterior:

```
=============== RESTART: /Users/alfre/Desktop/Ejercicios/8-5-1.py ==============
Mostrando todos los teléfonos:
(1, 1, 'iPhone 12', 128, 4, 20, 'iOS 15')
(2, 1, 'iPhone XR', 512, 6, 30, 'iOS 15')
(3, 2, 'RedMi Note 9', 128, 4, 20, 'Android 9')
(4, 2, 'Mi 10', 128, 4, 20, 'Android 10')
Mostrando todos los teléfonos:
(1, 1, 'iPhone 12', 128, 4, 20, 'iOS 15')
(2, 1, 'iPhone XR', 512, 6, 30, 'iOS 15')
(4, 2, 'Mi 10', 128, 4, 20, 'Android 10')
>>>
```

Veamos cómo ha quedado la tabla teléfono utilizando DB Browser for SQLite:

|   | id | FabricanteId | NombreModelo | Capacidad | MemoriaRAM | CamaraMPixeles | VersionSO |
|---|----|--------------|--------------|-----------|------------|----------------|-----------|
|...| Filtro | Filtro | Filtro | Filtro | Filtro | Filtro | Filtro |
| 1 | 1 | 1 | iPhone 12 | 128 | 4 | 20 | iOS 15 |
| 2 | 2 | 1 | iPhone XR | 512 | 6 | 30 | iOS 15 |
| 3 | 4 | 2 | Mi 10 | 128 | 4 | 20 | Android 10 |

## AHORA ERES CAPAZ DE…

En este octavo objetivo has adquirido los siguientes conocimientos:
- Utilización de bases de datos.
- Aprendizaje de SQL básico para operaciones simples.
- Utilización de DB Browser for SQLite.

En este noveno objetivo vamos a enseñarte a crear tus propios módulos para que puedas utilizarlos en todos tus programas del mismo modo que utilizabas la librería estándar que explicamos en el objetivo sexto.

El objetivo está compuesto por una única fase en la que aprenderás a crear módulos que podrás reutilizar en tus programas.

## CONCEPTOS TEÓRICOS

Un módulo es un archivo o archivos de código fuente que podemos incorporar a nuestro programa mediante la sentencia *import* y que nos permite utilizar todas las funcionalidades/clases/constantes que dicho módulo tiene.

## FASE 1: MÓDULOS

La primera y única fase del objetivo consiste en aprender a crear y utilizar tus propios módulos.

El primer ejercicio de la fase consiste en crear un módulo con operaciones matemáticas y después crear el programa principal que simule una calculadora y utilice las operaciones definidas en el módulo.

El módulo tendrá las siguientes operaciones:

- **Sumar**: la función realizará la operación de sumar los sumandos recibidos por parámetro.
- **Restar**: la función realizará la operación de restar el minuendo y sustraendo recibidos por parámetro.
- **Multiplicar**: la función realizará la operación de multiplicar el multiplicando y el multiplicador recibidos por parámetro.
- **Dividir**: la función realizará la operación de dividir el dividendo y el divisor recibidos por parámetro.

El código fuente del módulo es el siguiente:

```
def Sumar(sumando1,sumando2):
    return sumando1+sumando2
def Restar(minuendo,sustraendo):
    return minuendo-sustraendo
```

```
def Multiplicar(multiplicando,multiplicador):
   return multiplicando*multiplicador
def Dividir(dividendo,divisor):
   try:
      resultado = dividendo/divisor
      return resultado
   except ZeroDivisionError:
      return -1
```

Guarda el fichero con el nombre *"operacionesaritmeticas.py"*.

Teniendo el nuevo módulo de operaciones aritméticas desarrollado llega el momento de utilizarlo, toca implementar la calculadora. Para ello, tendrás que crear un nuevo fichero en la misma ruta donde has guardado el anterior. Ponle de nombre *"calculadora.py"*. El código fuente que tiene que escribir en dicho fichero es el siguiente:

```
import operacionesaritmeticas

def Sumar():
   sumando1 = int(input("Introduce primer sumando:"))
   sumando2 = int(input("Introduce segundo sumando:"))
   print ("Resultado:", operacionesaritmeticas.Sumar(sumando1,sumando2))
def Restar():
   minuendo = int(input("Introduce el minuendo:"))
   sustraendo = int(input("Introduce el sustraendo:"))
   print ("Resultado:", operacionesaritmeticas.Restar(minuendo,sustraendo))
def Multiplicar():
   multiplicando = int(input("Introduce el multiplicando:"))
   multiplicador = int(input("Introduce el multiplicador:"))
   print ("Resultado:", operacionesaritmeticas.Multiplicar(multiplicando,multiplicador))
def Dividir():
   dividendo = int(input("Introduce el dividendo:"))
   divisor = int(input("Introduce el divisor:"))
   print ("Resultado:", operacionesaritmeticas.Dividir(dividendo,divisor))
def Calculadora():
   fin = False
   while not(fin):
      opc = int(input("Opcion:"))
      if (opc==1):
         Sumar()
      elif(opc==2):
         Restar()
      elif(opc==3):
         Multiplicar()
      elif(opc==4):
         Dividir()
      elif(opc==5):
         fin = 1

print ("""*** CALCULADORA ***
1) Suma
2) Resta
3) Multiplicacion
4) Division
```

5) Salir""")
Calculadora()

La ejecución de las funciones del módulo se realiza de la siguiente manera: ***NombreMódulo.Operación.***

El fichero que tienes que ejecutar desde IDLE es *"calculadora.py"*. Un error muy común es no haber guardado el fichero con las operaciones y la calculadora en la misma ruta, comprueba que lo estén.

La siguiente imagen muestra un ejemplo de ejecución del código fuente anterior:

```
========= RESTART: /Users/alfre/Desktop/Ejercicios/9-1-1/calculadora.py ========
*** CALCULADORA ***
1) Suma
2) Resta
3) Multiplicacion
4) Division
5) Salir
Opcion:1
Introduce primer sumando:83
Introduce segundo sumando:59
Resultado: 142
Opcion:2
Introduce el minuendo:75
Introduce el sustraendo:25
Resultado: 50
Opcion:3
Introduce el multiplicando:78
Introduce el multiplicador:2
Resultado: 156
Opcion:4
Introduce el dividendo:93
Introduce el divisor:3
Resultado: 31.0
Opcion:5
```

El segundo ejercicio de la fase consiste en aprender a crear módulos que contengan la definición de clases. Para ello, vamos a definir una clase que se llamará *"Direccion"* y que contendrá los atributos necesarios para almacenar todos los datos de una dirección. Los atributos serán los siguientes:

- Calle: contendrá la información referente a la calle de la dirección.
- Piso: contendrá la información referente al piso de la dirección.
- Ciudad: contendrá la información referente a la ciudad de la dirección.
- CodigoPostal: contendrá la información referente al código postal de la dirección.

Al fichero donde escribas el código fuente con la definición de la clase lo llamarás *"dirección.py"*. El código fuente de la clase es el siguiente:

```python
class Direccion:
    def __init__(self):
        self.__Calle = ""
        self.__Piso = ""
        self.__Ciudad = ""
        self.__CodigoPostal = ""
    def GetCalle(self):
        return self.__Calle
    def GetPiso(self):
        return self.__Piso
    def GetCiudad(self):
        return self.__Ciudad
    def GetCodigoPostal(self):
        return self.__CodigoPostal
    def SetCalle(self, calle):
        self.__Calle = calle
    def SetPiso(self, piso):
        self.__Piso = piso
    def SetCiudad(self, ciudad):
        self.__Ciudad = ciudad
    def SetCodigoPostal(self, codigopostal):
        self.__CodigoPostal = codigopostal
```

Crea un fichero nuevo para escribir el programa y llámalo *"programa.py"*. El programa va a consistir únicamente en utilizar la clase definida en el fichero *"dirección.py"*. El código fuente es el siguiente:

```python
import direccion

direccion1 = direccion.Direccion()

print("- Nueva dirección - \n")
direccion1.SetCalle(input((">Introduce la calle: ")))
direccion1.SetPiso(input((">Introduce el piso: ")))
direccion1.SetCiudad(input((">Introduce la ciudad: ")))
direccion1.SetCodigoPostal(input((">Introduce el codigo postal: ")))

print("\n- Dirección introducida - \n")
print("Calle: ", direccion1.GetCalle())
print("Piso: ", direccion1.GetPiso())
print("Ciudad: ", direccion1.GetCiudad())
print("Codigo postal: ", direccion1.GetCodigoPostal())
```

El fichero que tienes que ejecutar desde IDLE es el fichero *"programa.py"*.

La siguiente imagen muestra la ejecución del código fuente anterior:

```
========== RESTART: /Users/alfre/Desktop/Ejercicios/9-1-2/programa.py ==========
- Nueva dirección -

>Introduce la calle: Calle Mayor 3
>Introduce el piso: 2A
>Introduce la ciudad: 28802
>Introduce el codigo postal: Alcalá de Henares

- Dirección introducida -

Calle:  Calle Mayor 3
Piso:  2A
Ciudad:  28802
Codigo postal:  Alcalá de Henares
```

## AHORA ERES CAPAZ DE...

En este noveno objetivo has adquirido los siguientes conocimientos:
  • Creación y utilización de módulos.

En este décimo objetivo vamos a explicarte qué son las pruebas unitarias, por qué son importantes y qué beneficios tiene su uso.

El objetivo está compuesto por una única fase en la que, utilizando el módulo de la librería estándar *unittest*, aprenderás a utilizar pruebas unitarias.

## CONCEPTOS TEÓRICOS

En este apartado vamos a explicarte los conceptos teóricos necesarios para que entiendas y sepas utilizar los tests unitarios.

### ¿QUÉ SON LOS TESTS UNITARIOS?

Realizar pruebas del código fuente que escribes es una de las tareas más importantes a la hora de desarrollar software. Cuando se empieza a programar se suele entender que realizar pruebas es ejecutar el código y comprobar que el código hace lo que tiene que hacer, pero, existe un mecanismo que permite realizar pruebas de código fuente de forma automática, las pruebas unitarias.

Las pruebas unitarias son una herramienta de programación utilizada para garantizar que el código fuente que se ha escrito hace lo que se supone que debe de hacer. Todos los lenguajes de programación proveen mecanismos para poder realizar pruebas unitarias, no es algo exclusivo de Python.

La teoría sobre las pruebas unitarias dice que se deben escribir a medida que escribes el código fuente, que vayas añadiendo pruebas a cada función, método o módulo a medida que lo escribes, para, de este modo, asegurar el correcto funcionamiento del código que estás escribiendo. Pero, de la teoría a lo que realmente suele pasar en muchos proyectos hay una distancia muchas veces insalvable y que provoca la baja calidad de muchos proyectos. En este caso se pueden identificar dos escenarios diferentes:

- Las pruebas no se fueron escribiendo de forma incremental a medida que se fue escribiendo el código fuente del proyecto y por tanto nunca llegan a implementarse dado que el proyecto desarrollado se considera "acabado".

- Las pruebas que se implementan son de baja calidad porque las personas encargadas de escribirlas consideran que su trabajo ya estaba "acabado" antes de realizar las pruebas, ya tenían escrito el código fuente.

El uso de pruebas unitarias en tus proyectos debería poder cubrir casi la totalidad del código fuente de la aplicación, por tanto, cuanto más código fuente tengamos cubierto con las pruebas mejor será la calidad del proyecto.

## ¿CÓMO TIENE QUE SER UNA PRUEBA UNITARIA?

En este apartado vamos a explicarte la teoría de cómo debería de ser una prueba unitaria, pero, tienes que ser consciente de que, como en todo, la experiencia es un grado, y a medida que avances irás realizando pruebas unitarias mejores. Veamos cómo debería de ser una prueba:

- **Automatizable**: se tiene que poder ejecutar de forma automática.
- **Repetible**: se tiene que poder repetir tantas veces como se quiera/necesite.
- **Independientes**: se tiene que poder ejecutar con independencia del entorno o equipo en el que se ejecute. Además, no tiene que modificar dicho entorno o equipo.
- **Aisladas**: se tiene que poder ejecutar de forma aislada y sin interferir o ser interferida por otras pruebas unitarias.
- **Con un objetivo**: deben tener un objetivo bien definido y entendible por todos los desarrolladores.
- **Modificables**: se tienen que poder realizar cambios de forma sencilla del mismo modo que se hace en el código fuente. Esto es muy importante porque si cambia el código fuente que se prueba con la prueba deberás de modificar la prueba.

## VENTAJAS DE USO

El uso de pruebas unitarias tiene una serie de ventajas que nos gustaría resaltar:

- **Mejoran la calidad**: garantizan que el código fuente hace lo que tiene que hacer.
- **Mejoran el mantenimiento**: garantizan que cuando se modifica el código fuente éste siga funcionando de forma correcta. Además, los tiempos de depuración y corrección de incidencias se ven reducidos, ya que, al tener pruebas para cada función, método o módulo, los errores están más acotados y son más fáciles de localizar de forma rápida.
- **Mejoran la velocidad de desarrollo**: al permitir probar funciones, módulos y métodos sin tener todo el programa desarrollado se podrá seguir escribiendo código con la seguridad que todo lo que se había escrito antes funciona como debe de funcionar.
- **Documentación**: sirven como documentación del código fuente, ya que describen las funcionalidades de este. Por tanto, las pruebas ayudan a entender mejor el código fuente.

## LIBRERÍA UNITTEST

Para la realización de pruebas unitarias vamos a utilizar el módulo *unittest* de la librería estándar de Python. La librería nos va a permitir utilizar pruebas unitarias implementando una clase heredada de la clase *unittest.TestCase*. Dicha clase podrá tener tantas pruebas unitarias como necesites, pero, cada prueba tendrá que devolver su propio resultado de la ejecución.

Los resultados que una prueba puede devolver son los siguientes:

- **OK**: la prueba se ha ejecutado correctamente.
- **FAIL**: la prueba no se ha ejecutado correctamente pero el error es producido de forma controlada.
- **ERROR**: la prueba no se ejecutado correctamente y el error es una excepción no controlada dentro de la prueba.

A la hora de realizar pruebas tenemos disponible una serie de operaciones disponibles que devolverán OK en caso de que lo que se está probando y el resultado esperado sea el mismo y devolverán FAIL en caso contrario. Las operaciones son las siguientes:

- **assertEqual(a, b)**: si a y b son iguales devolverá OK y si no lo son devolverá FAIL. Se corresponde con la operación *a == b*.
- **assertNotEqual(a, b)**: si a y b son diferentes devolverá OK y en caso contrario devolverá FAIL. Se corresponde con la operación *a != b*.
- **assertTrue(x)**: si el valor es *True* devolverá OK y si es *False* devolverá FAIL. Se corresponde con la operación *bool(x) is True*.
- **assertFalse(x)**: si el valor es *False* devolverá OK y si es *True* devolverá FAIL. Se corresponde con la operación *bool(x) is False*.
- **assertIs(a, b)**: si a es b devolverá OK y en caso contrario devolverá FAIL. Se corresponde con la operación *a is b*.
- **assertIsNot(a, b)**: si a no es b devolverá OK y en caso contrario devolverá FAIL. Se corresponde con la operación *a is not b*.
- **assertIsNone(x)**: si x es None devolverá OK y en caso contrario devolverá FAIL. Se corresponde con la operación *x is None*.
- **assertIsNotNone(x)**: si x no es None devolverá OK y en caso contrario devolverá FAIL. Se corresponde con la operación *x is not None*.
- **assertIn(a, b)**: si a está en b devolverá OK y en caso contrario devolverá FAIL. Se corresponde con la operación *a in b*.
- **assertNotIn(a, b)**: si a no está en b devolverá OK y en caso contrario devolverá FAIL. Se corresponde con la operación *a not in b*.
- **assertIsInstance(a, b)**: si a es una instancia de b devolverá OK y en caso contrario devolverá FAIL. Se corresponde con la operación *isinstance(a, b)*.
- **assertNotIsInstance(a, b)**: si a no es una instancia de b devolverá OK y en caso contrario devolverá FAIL. Se corresponde con la operación *not isinstance(a, b)*.

## FASE 1: PRUEBAS UNITARIAS

La primera y única fase del objetivo consiste en aprender a utilizar pruebas unitarias, empezando por una serie de ejercicios simples para familiarizarte con las pruebas unitarias y posteriormente entrar en detalle de lo que nos ofrece la librería.

El primer ejercicio de la fase consiste en realizar una prueba unitaria que devuelva el valor **OK**. La prueba lo único que hará es simular que todo ha ido bien y devolverá dicho valor, el objetivo es que te familiarices con la ejecución de pruebas unitarias y con los mensajes que Python muestra por la pantalla. El código fuente del ejercicio es el siguiente:

```
import unittest
class Pruebas(unittest.TestCase):
    def testOK(self):
        pass
unittest.main()
```

El método de prueba que se ejecutará es *test*, que de forma inmediata ejecutará la sentencia *pass* indicando que el test ha pasado.

La siguiente imagen muestra el resultado de la ejecución:

```
============== RESTART: /Users/alfre/Desktop/Ejercicios/10-1-1.py ==============
.
--------------------------------------------------------------------
Ran 1 test in 0.012s

OK
>>>
```

El mensaje nos está indicando que ha ejecutado 1 test en 0.012 segundos y que el resultado ha sido OK.

El segundo ejercicio de la fase consiste en realizar una prueba unitaria que devuelva el valor **FAIL**. La prueba lo único que hará es simular que ha fallado y devolverá dicho valor. El código fuente del ejercicio es el siguiente:

```
import unittest
class Pruebas(unittest.TestCase):
    def test(self):
        raise AssertionError()
unittest.main()
```

El cambio respecto al ejercicio anterior es que en lugar de ejecutar la sentencia *pass* el método de pruebas lanza un error de forma controlada mediante la sentencia *raise AssertionError()*.

La siguiente imagen muestra el resultado de la ejecución:

```
============== RESTART: /Users/alfre/Desktop/Ejercicios/10-1-2.py ==============
F
====================================================================
FAIL: testFAIL (__main__.Pruebas)
--------------------------------------------------------------------
Traceback (most recent call last):
  File "/Users/alfre/Desktop/Ejercicios/10-1-2.py", line 5, in testFAIL
    raise AssertionError()
AssertionError

--------------------------------------------------------------------
Ran 1 test in 0.024s

FAILED (failures=1)
>>>
```

El mensaje nos está indicando el número de tests que ha ejecutado (uno) y que el resultado ha sido FAILED.

El tercer ejercicio de la fase consiste en realizar una prueba unitaria que devuelva el valor **ERROR**. La prueba lo único que hará es simular que ha fallado de forma no controlada provocando una excepción, para ello ejecutaremos una división por cero. El código fuente del ejercicio es el siguiente:

```
import unittest
class Pruebas(unittest.TestCase):
    def test(self):
        3/0
unittest.main()
```

La siguiente imagen muestra el resultado de la ejecución:

```
============== RESTART: /Users/alfre/Desktop/Ejercicios/10-1-3.py ==============
E
================================================================================
ERROR: testERROR (__main__.Pruebas)
--------------------------------------------------------------------------------
Traceback (most recent call last):
  File "/Users/alfre/Desktop/Ejercicios/10-1-3.py", line 5, in testERROR
    3/0
ZeroDivisionError: division by zero

--------------------------------------------------------------------------------
Ran 1 test in 0.025s

FAILED (errors=1)
>>>
```

Llegados a este punto es conveniente que mires y compares los mensajes mostrados por pantalla por los tres ejercicios anteriores. ¿Ves las diferencias entre FAIL y ERROR? En ambos pone que la prueba ha fallado, pero entre paréntesis se indica si es un error controlado (*failures*) o no (*errors*).

El cuarto ejercicio consiste en empezar a aprender a utilizar las funciones descritas en el apartado teórico. En el ejercicio probaremos el correcto funcionamiento de un método que compara dos números y devuelve *True* en caso de que el primero sea mayor que el segundo y *False* en caso contrario. Para realizar la prueba utilizaremos la función *assertTrue*. El código fuente es el siguiente:

```
import unittest
def MayorQue(num1,num2):
    if num1>num2:
        return True
    else:
        return False
class Pruebas(unittest.TestCase):
```

```
def test(self):
    self.assertTrue(MayorQue(7,5))
unittest.main()
```

La siguiente imagen muestra el resultado de la ejecución de la prueba:

```
============= RESTART: /Users/alfre/Desktop/Ejercicios/10-1-4.py =============
.
---------------------------------------------------------------------
Ran 1 test in 0.046s

OK
>>>
```

El quinto ejercicio consiste en cambiar un poco el código fuente del ejercicio anterior. Imagina que en la función *MayorQue* hubieras puesto mal la comparación, es decir, en lugar de comprobar que *num1* es mayor que *num2* estuvieras comprobando que es menor. Al ejecutar la prueba el valor obtenido sería FAIL ya que 7 es mayor que 5 y la función está devolviendo que no. El código fuente quedaría de tal forma:

```
import unittest
def MayorQue(num1,num2):
    if num1<num2:
        return True
    else:
        return False
class Pruebas(unittest.TestCase):
    def test(self):
        self.assertTrue(MayorQue(7,5))
unittest.main()
```

La siguiente imagen muestra el resultado de la ejecución de la prueba:

```
============= RESTART: /Users/alfre/Desktop/Ejercicios/10-1-5.py =============
F
=====================================================================
FAIL: test (__main__.Pruebas)
---------------------------------------------------------------------
Traceback (most recent call last):
  File "/Users/alfre/Desktop/Ejercicios/10-1-5.py", line 11, in test
    self.assertTrue(MayorQue(7,5))
AssertionError: False is not true

---------------------------------------------------------------------
Ran 1 test in 0.008s

FAILED (failures=1)
>>>
```

El sexto ejercicio consiste en añadir pruebas al fichero *operacionesaritmeticas.py* que utilizaste en el ejercicio número uno del objetivo número nueve. El ejercicio consiste en probar cada una de las operaciones aritméticas incluidas en el fichero desde un fichero diferentes, realizando la importación de dicho fichero al fichero desde el que vamos a probar. El código fuente del fichero de pruebas es el siguiente:

```
import unittest
import operacionesaritmeticas
class Pruebas(unittest.TestCase):
    def test_suma(self):
        self.assertEqual(operacionesaritmeticas.Sumar(8,9),17)
    def test_resta(self):
        self.assertEqual(operacionesaritmeticas.Restar(9,3),6)
    def test_multiplicar(self):
        self.assertEqual(operacionesaritmeticas.Multiplicar(5,6),30)
    def test_dividir(self):
        self.assertEqual(operacionesaritmeticas.Dividir(9,3),3)
unittest.main()
```

Guarda el fichero con el nombre *operacionesaritmeticaspruebas.py*.

La siguiente imagen muestra el resultado de ejecutar las pruebas:

```
= RESTART: /Users/alfre/Desktop/Ejercicios/10-1-6/operacionesaritmeticaspruebas.py
....
-----------------------------------------------------------------
Ran 4 tests in 0.017s

OK
>>>
```

Por último, y para que veas cómo es el mensaje por pantalla, te aconsejamos que modifiques una de las operaciones del fichero de operaciones aritméticas para que la función devuelva un valor incorrecto y así puedas comprobar el mensaje que se muestra por pantalla. Prueba por ejemplo a multiplicar en vez de sumar en la operación de sumar.

## AHORA ERES CAPAZ DE...

En este decimo objetivo has adquirido los siguientes conocimientos:
- Utilización de pruebas unitarias.

102

En este undécimo objetivo vamos a explicarte qué son los sockets y cómo puedes construir sistemas software basados en ellos.

El objetivo está compuesto por cuatro fases en las que progresivamente te iremos explicamos todo lo que puedes hacer utilizando sockets.

## CONCEPTOS TEÓRICOS

En este apartado vamos a explicarte los conceptos teóricos necesarios para que entiendas y sepas utilizar los sockets. Vamos a explicar la teoría desde el concepto más general al concepto más concreto, empezaremos con el protocolo de internet para continuar con los sockets y después los puertos, y, por último, explicaremos cómo convive todo esto junto. Además, te explicaremos el paradigma de programación cliente-servidor.

### PROTOCOLO DE INTERNET (IP)

El Protocolo de Internet es un conjunto de reglas que se encargan de indicarle a los ordenadores y dispositivos móviles cómo comunicarse entre ellos cuando están conectados a internet o a una red.

Los ordenadores y dispositivos para poder conectarse a internet o a una red deben tener una dirección IP única de modo que otros ordenadores o dispositivos puedan comunicarse con ellos. Para entenderlo mejor, puedes ver la dirección IP como el número de teléfono de cada uno de ellos donde otros pueden llamar. Ten en cuenta que los ordenadores y dispositivos pueden tener más de un número de teléfono.

### ¿QUÉ SON LOS SOCKETS?

Los sockets son el mecanismo que utilizan dos computadoras para poder hablar entre si a través de la red. Cada computadora utilizará un socket de su sistema para comunicarse con un socket del sistema de la otra computadora, y, mediante ellos ambas computadoras podrán intercambiar mensajes e información.

El proceso para la utilización de sockets para comunicar dos computadoras es el siguiente:

1. Una de las computadoras abre un socket en su máquina para que otras máquinas puedan conectarse. A esta máquina la llamaremos *servidor*.
2. Las máquinas que quieran comunicarse con el servidor deberán de conectarse al socket que ha abierto. A estas máquinas las llamaremos *clientes*.
3. El cliente y el servidor intercambian la información que necesiten.
4. El cliente cierra la conexión con el servidor.
5. El servidor cierra el socket. El cierre del socket por parte del servidor es independiente de que cierre o no el cliente el suyo, es decir, el servidor estará con el socket abierto tanto tiempo como considere que tiene que estar recibiendo conexiones y comunicaciones de nuevos clientes que quieran conectarse y comunicarse.

Por tanto, los sockets nos permitirán:

- Recibir comunicaciones de otras computadoras.
- Conectarnos a otras computadoras.

## PUERTOS

Para explicar los puertos necesitamos que veas la dirección IP como una dirección de una calle y los puertos como los diferentes pisos que hay en esa dirección. Piensa por un momento en la dirección "Calle Mayor 3" y aseméjala con las direcciones IP, pues, las diferentes viviendas que haya en esa calle (1ªA, 4ºB, 3ºC, etc) aseméjalos con los puertos que puede tener una dirección IP.

El número total de puertos que tiene una dirección IP va de 0 a 65535. La apertura de un socket se realiza sobre uno de los puertos, es decir, para poder comunicar dos máquinas necesitaremos saber su dirección IP y el puerto donde tiene abierto el socket.

## PUERTOS RESERVADOS

Tal y como te acabamos de explicar, una dirección IP tiene un total de 65536 puertos, que van del 0 al 65535. Existe una organización llamada

IANA (Internet Assigned Numbers Authority) que se encarga de supervisar la asignación global de direcciones IP y utilización de puertos.

La IANA estableció un estándar de asignación de puertos que los divide en tres categorías diferentes:

- **Puertos bien conocidos**: van del 0 al 1023 y están reservados para el sistema operativo del ordenador y para los protocolos más utilizados e importantes que utilizan para su funcionamiento.
- **Puertos registrados**: van del 1024 al 49151 y se utilizan para la mayoría de las aplicaciones instaladas en el ordenador.
- **Puertos privados o dinámicos**: van del 49152 al 65535 y están reservados a las aplicaciones que necesitan conectarse a un servidor.

Si quieres saber más sobre todo lo que controla la IANA puedes verlo aquí: https://www.iana.org.

---

## ¡TODO JUNTO!

Llegados a este punto veamos cómo funciona todo esto junto con un ejemplo.

Por un lado, vamos a tener una computadora que tiene la dirección IP 192.168.1.23 y que mediante una aplicación va a abrir un socket en el puerto 5004 para recibir conexiones y comunicaciones. Esta computadora es el servidor.

Por otro lado, vamos a tener otra computadora, el cliente, que tiene la dirección IP 172.16.12.246 y que va a ejecutar una aplicación que se conectará y se comunicará con el servidor. Para realizar la comunicación con el servidor el cliente abrirá un socket en el conjunto de puertos dinámicos para poder comunicarse, por ejemplo, el 49353.

Veamos el ejemplo gráficamente:

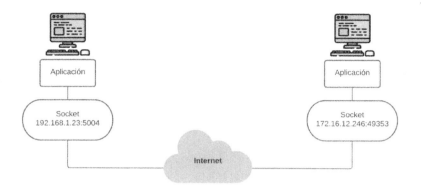

## PARADIGMA DE PROGRAMACIÓN CLIENTE-SERVIDOR

Todo lo que hemos visto hasta ahora en el objetivo, la forma en la que se comunican los ordenadores, servidores, clientes, etc… se corresponden con el paradigma de programación basado en cliente-servidor.

Básicamente, en dicho paradigma tendremos un aplicativo (servidor) en una computadora que se ejecutará y abrirá un puerto y esperará a ser contactada por otras aplicaciones (clientes). En otras computadoras (o en la misma) se ejecutarán otras aplicaciones que se comunicarán con la aplicación servidora.

Una aplicación servidora puede ser contactada y comunicarse con diferentes clientes, pudiendo hacerlo de forma simultánea. Una aplicación cliente puede contactar y comunicarse con diferentes servidores a la vez, y hacerlo también de forma simultánea.

La información en una comunicación establecida entre un cliente y un servidor puede ir en ambos sentidos, el cliente puede enviar información al servidor y el servidor al cliente. El funcionamiento más normal es que el cliente contacta con el servidor y realiza una petición y el servidor le contesta con la información solicitada.

## FASE 1: CONOCIENDO TU IP

La primera fase del objetivo consiste en aprender a obtener la IP de tu ordenador. La forma de obtener la IP de tu ordenador depende del sistema operativo que utilices. Veamos cómo se hace en cada sistema.

## Microsoft Windows

Para sistemas operativos Microsoft sigue los siguientes pasos:
1. En el menú Inicio escribe **cmd** en la barra de búsqueda, si no la tienes haz clic en Ejecutar y escríbelo ahí.
2. Ejecuta el siguiente comando:
   a. ipconfig

El comando muestra mucha información, deberás de buscar la configuración para el cable de red o para la Wi-Fi dependiendo del modo de conexión que estés utilizando.

A continuación, tienes una imagen del mensaje que verás con la información de la IP en caso utilizar una conexión Wi-Fi:

```
Adaptador de LAN inalámbrica Wi-Fi:

   Sufijo DNS específico para la conexión. . :
   Vínculo: dirección IPv6 local. . . : fe80::3044:b660:bc16:838d%4
   Dirección IPv4. . . . . . . . . . . . : 192.168.1.137
   Máscara de subred . . . . . . . . . . : 255.255.255.0
   Puerta de enlace predeterminada . . . . : 192.168.1.1
```

En caso de conectarse por cable el mensaje será el siguiente:

```
Adaptador de Ethernet Conexión de área local:

   Sufijo DNS específico para la conexión. . :
   Dirección IPv4. . . . . . . . . . . . : 172.16.12.246
   Máscara de subred . . . . . . . . . . : 255.255.255.240
   Puerta de enlace predeterminada . . . . : 172.16.12.241
```

## Unix y Mac

Para sistemas operativos Unix y Mac sigue los siguientes pasos:
1. Abre el Terminal utilizando Spotlight o bien entrando en Aplicaciones/Utilidades.
2. Si estás utilizando Wi-Fi tienes que ejecutar el siguiente comando:
   a. ipconfig getifaddr en0
3. Si estás utilizando cable de red tienes que ejecutar el siguiente comando:
   a. ipconfig getifaddr en1

A continuación, tienes una imagen del mensaje que verás:

## FASE 2: SOCKETS EN PYTHON

La segunda fase del objetivo consiste en aprender a utilizar los sockets en Python.

Python posee una librería que permite utilizar sockets en tus aplicaciones y que tendrás que importarla en el código fuente de la siguiente manera:

### *import socket*

En el primer ejercicio vamos a ver los siguientes métodos disponibles en la librería:

- **socket**: método que devuelve una instancia de tipo socket para que la utilices en tu programa.
- **gethostname**: método que devuelve el nombre de la máquina.
- **bind**: método que configura el socket devuelto por el *socket* con el nombre de la máquina y el puerto que utilizará.
- **listen**: método que abre el puerto del socket y lo pone en modo escucha.
- **connect**: método que permite al cliente conectarse a un socket abierto por el servidor.
- **accept**: método mediante el cual el servidor acepta la conexión de un cliente. Devuelve un objeto que permite manejar la conexión con el cliente y también una cadena de texto con la dirección IP del cliente.
- **close**: cierra el socket.
- **send**: permite enviar información a través del socket al otro extremo, bien sea el cliente o el servidor.
- **recv**: permite recibir información a través del socket abierto.

Veamos un diagrama de flujo con la secuencia de métodos que utilizan el cliente y el servidor:

108

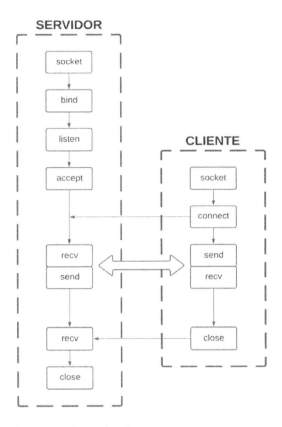

Expliquemos la secuencia en detalle:

1. El servidor crea el socket para escuchar en las primeras 4 tareas que realiza: *socket, bind, listen* y *accept*.
2. El cliente crea el socket y se conecta al servidor.
3. El cliente y el servidor intercambian información mediante *send* y *recv*. Los datos que se intercambian son de tipo cadenas de bytes.
4. El cliente envía la orden de cerrar, el servidor la recibe y el cliente cierra el socket.
5. El servidor cierra el socket cuando considera oportuno.

El primer ejercicio consiste básicamente en implementar el flujo que acabamos de definir. El servidor abrirá un socket de escucha en el puerto 12345 y el cliente se conectará, una vez se conecte el servidor le devolverá un mensaje que el cliente mostrará por pantalla.

El código fuente del ejercicio es el siguiente:

## Servidor

```
import socket

s = socket.socket()
nombre = socket.gethostname()
puerto = 12345
s.bind((nombre, puerto))

print('Información del servidor: IP (',nombre,') Puerto (',puerto,')')

s.listen()
while True:
  c, addr = s.accept()
  print('Conexión recibida de ', addr)
  c.send(b'Gracias por conectar')
  c.close()
```

## Cliente

```
import socket

s = socket.socket()
ip = "127.0.0.1"
puerto = 12345

s.connect((ip, puerto))
print('Información recibida: ',s.recv(1024))
s.close()
```

La IP que hemos puesto en el cliente es 127.0.0.1, lo que indica que el servidor está en la misma máquina que el cliente. Si los quisieras ejecutar en máquinas diferentes tendrías que cambiar esa IP.

La información que se envían el cliente y el servidor es de tipo byte, no de tipo string, por eso delante de las cadenas de texto hemos puesto una *b*. En los siguientes ejercicios aprenderás cómo codificar las cadenas en bytes utilizando un método existente para ello.

La ejecución de los aplicativos tienes que realizarla desde la consola o terminal. Veamos unos ejemplos de ejecución:

En la parte izquierda de la imagen está el servidor y en la derecha el cliente. Para poder ejecutar el servidor en sistemas *Unix* tienes que hacerlo con el *superusuario*, por eso hemos añadido *sudo* al comienzo del comando, una vez lo ejecutas te pedirá la contraseña de tu usuario. Puedes comprobar que el cliente cada vez que es ejecutado utiliza un puerto diferente del tipo de puertos privados/dinámicos que explicamos en la parte teórica, el puerto que utiliza el cliente para conectarse al servidor es establecido por el sistema operativo.

En el segundo ejercicio vamos a ampliar el ejercicio que acabamos de hacer haciendo que el cliente y el servidor envíen y reciban información. Para ello tienes que tener en cuenta que para que uno de los dos reciba información tienes que ejecutar el comando *recv* poniendo como parámetro el número de bytes que quieres leer.

El código fuente del ejercicio es el siguiente:

## Servidor

```
import socket

s = socket.socket()
nombre = socket.gethostname()
puerto = 12345
s.bind((nombre, puerto))

print('Información del servidor: IP (',nombre,') Puerto (',puerto,')')

s.listen()
while True:
    c, addr = s.accept()
    print('Conexión recibida de ', addr)
    info = b'Gracias por conectar'
    print('Información enviada: ', info)
    c.send(info)
    print('Informacion recibida: ',c.recv(1024))
    info = b'El gusto es mio'
    print('Información enviada: ', info)
    c.send(info)
    c.close()
```

## Cliente

```
import socket

s = socket.socket()
ip = "127.0.0.1"
puerto = 12345

s.connect((ip, puerto))
print('Información recibida: ',s.recv(1024))
```

```
info = b'Ya me desconecto, un placer'
print('Información enviada: ', info)
s.send(info)
print('Información recibida: ',s.recv(1024))
s.close()
```

La ejecución de los aplicativos tienes que realizarla desde la consola o terminal. Veamos unos ejemplos de ejecución:

El tercer ejercicio de la fase consiste en añadir una lógica en el cliente para que dependiendo de la información que introduzca el usuario el aplicativo cierre la conexión y ambos aplicativos. Todo esto pasará si introduce el usuario el valor 0.

El código fuente del ejercicio es el siguiente:

## Servidor

```
import socket

s = socket.socket()
nombre = socket.gethostname()
puerto = 12345
s.bind((nombre, puerto))

print('Información del servidor: IP (',nombre,') Puerto (',puerto,')')

s.listen()

fin = False

c, addr = s.accept()
print('Conexión recibida de ', addr)

while not fin:
    info = c.recv(1024).decode("utf-8")
    print('Informacion recibida: ', info)
    if info == "0":
        fin = True
c.close()
s.close()
print("Cerrando programa...")
```

## Cliente

```
import socket

s = socket.socket()
ip = "127.0.0.1"
puerto = 12345

s.connect((ip, puerto))

fin = False

while not fin:
    info = bytes(input("Introduzca un entero o 0 para salir: "),'utf-8')
    s.send(info)
    if info.decode("utf-8") == "0":
        fin = True
s.close()
print("Cerrando programa...")
```

Fíjate cómo hemos convertido en este ejercicio las cadenas de texto a bytes. Mediante el método *bytes* que recibe la cadena de texto y el modo de codificarla (*"utf-8"*) convertiremos la cadena de texto en una cadena de bytes para poder enviarla. Para decodificar la información que recibimos utilizaremos el método *decode*, que devolverá la cadena de texto resultante de la conversión.

La ejecución de los aplicativos tienes que realizarla desde la consola o terminal. Veamos un ejemplo de ejecución:

## FASE 3: ERRORES COMUNES

La tercera fase del objetivo consiste en explicarte los errores más comunes que puedes recibir a la hora de trabajar con sockets.

El primer ejercicio de la fase consiste en aprender qué significa el error *Connection Refused* y cuándo ocurre. El error ocurre cuando intentas conectar a un socket y la aplicación no es capaz de conectar con dicho socket.

Para simular el error lo que vamos a hacer es ejecutar un cliente sin tener un servidor abierto, el código fuente es el siguiente:

113

```
import socket

s = socket.socket()
ip = "127.0.0.1"
puerto = 12345

s.connect((ip, puerto))
s.close()
```

La ejecución del código fuente anterior tiene la siguiente salida:

El segundo ejercicio de la fase consiste en aprender qué significa el error *Permission Denied* y cuándo ocurre. El error ocurre cuando intentas utilizar un puerto inferior a 1024.

Para simular el error lo que vamos a hacer es ejecutar un servidor estableciendo el puerto que abrirá para escuchar a un valor inferior a 1024. El código fuente es el siguiente:

```
import socket

s = socket.socket()
nombre = socket.gethostname()
puerto = 888
s.bind((nombre, puerto))

print('Información del servidor: IP (',nombre,') Puerto (',puerto,')')

s.listen()
while True:
    c, addr = s.accept()
    print('Conexión recibida de ', addr)
    c.send(b'Gracias por conectar')
    c.close()
```

La ejecución del código fuente anterior tiene la siguiente salida:

Para poder ejecutar el servidor tienes dos opciones, la primera es seleccionar un puerto superior a 1024 y la segunda ejecutar el programa en modo administrador.

El tercer ejercicio de la fase consiste en aprender qué significa el error *Address Already In Use* y cuándo ocurre. El error ocurre cuando intentas abrir un socket en el servidor y el puerto que quieres abrir ya está siendo utilizado por otra aplicación.

Para simular el error lo que vamos a hacer es ejecutar un servidor dos veces. El código fuente es el siguiente:

```
import socket

s = socket.socket()
nombre = socket.gethostname()
puerto = 12345
s.bind((nombre, puerto))

print('Información del servidor: IP (',nombre,') Puerto (',puerto,')')

s.listen()
while True:
    c, addr = s.accept()
    print('Conexión recibida de ', addr)
    c.send(b'Gracias por conectar')
    c.close()
```

Ejecutando el código dos veces obtendremos el error en la segunda ejecución, tal y como puedes comprobar en la siguiente imagen:

## FASE 4: SERVIDOR CON MÚLTIPLES CLIENTES

La cuarta fase del objetivo consiste en aprender cómo implementar un servidor que permita la conexión de más de un cliente a la vez. En el objetivo vamos a utilizar también los conocimientos adquiridos en el objetivo número siete sobre hilos.

En el paradigma cliente-servidor un servidor siempre tiene que admitir más de un cliente conectado simultáneamente, es por ello que esta fase es tan importante. En el único ejercicio de la fase vas a desarrollar un servidor que permite múltiples conexiones simultáneas y un cliente que ejecutarás tantas veces como quieras a la vez. La siguiente imagen muestra un diagrama conceptual de lo que hablamos:

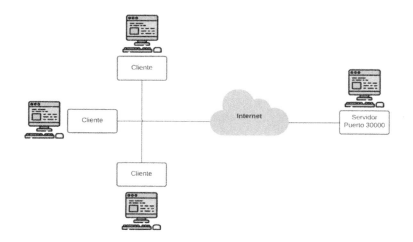

Para poder tener un servidor que acepte más de un único cliente lo que tienes que hacer es crear un hilo para cada cliente que se conecte al servidor. Ese hilo será el encargado de realizar las comunicaciones con el cliente y de cerrar la conexión cuando se acabe la interacción entre ambos.

El código fuente del ejercicio es el siguiente:

## Servidor

```
import socket
import threading

def HiloCliente(conexion,direccion):
    conexion.send(str.encode('Bienvenido al servidor'))
    while True:
        recibido = conexion.recv(1024)
        print(direccion,'=',recibido.decode('utf-8'))
        respuesta = 'El servidor dice: ' + recibido.decode('utf-8')
        if not recibido:
```

```
        break
    conexion.send(str.encode(respuesta))
    conexion.close()

SocketServidor = socket.socket()
host = '127.0.0.1'
puerto = 30000
SocketServidor.bind((host, puerto))

print('¡Esperando conexiones!')
SocketServidor.listen()

while True:
    cliente, direccion = SocketServidor.accept()
    print('Nuevo cliente: ' + direccion[0] + ':' + str(direccion[1]))
    hilo = threading.Thread(target=HiloCliente,args=(cliente,direccion[0] + ':' + str(direccion[1]),))
    hilo.start()
SocketServidor.close()
```

## Cliente

```
import socket

SocketCliente = socket.socket()
host = '127.0.0.1'
puerto = 30000

SocketCliente.connect((host, puerto))
respuesta = SocketCliente.recv(1024)
print(respuesta.decode('utf-8'))

while True:
    Input = input('Escribe algo: ')
    SocketCliente.send(str.encode(Input))
    respuesta = SocketCliente.recv(1024)
    print(respuesta.decode('utf-8'))

SocketCliente.close()
```

La ejecución de los aplicativos tienes que realizarla desde la consola o terminal. Veamos un ejemplo de ejecución:

```
Alfre:Ejercicios alfre$ python3 11-4-1-Cliente.py
Bienvenido al servidor
Escribe algo: Mensaje 1
El servidor dice: Mensaje 1
Escribe algo: Mensaje 2
El servidor dice: Mensaje 2
Escribe algo: Mensaje 3
El servidor dice: Mensaje 3
Escribe algo: Mensaje 4
El servidor dice: Mensaje 4
Escribe algo:
```

```
Alfre:Ejercicios alfre$ python3 11-4-1-Cliente.py
Bienvenido al servidor
Escribe algo: Mensaje uno
El servidor dice: Mensaje uno
Escribe algo: Mensaje 2
El servidor dice: Mensaje 2
Escribe algo: []
```

```
Alfre:Ejercicios alfre$ python3 11-4-1-Cliente.py
Bienvenido al servidor
Escribe algo: Mensaje numero 1
El servidor dice: Mensaje numero 1
Escribe algo: Mensaje numero 2
El servidor dice: Mensaje numero 2
Escribe algo: Mensaje numero 3
El servidor dice: Mensaje numero 3
Escribe algo:
```

Tal y como puedes ver, hemos arrancado tres clientes y hemos enviado mensajes diferentes con cada uno de ellos. Recuerda que puedes arrancar tantos clientes como quieras.

## AHORA ERES CAPAZ DE...

En este undécimo objetivo has adquirido los siguientes conocimientos:
* Utilización de sockets.

Ha llegado el momento de realizar el proyecto final del libro, en el que vas a utilizar juntos los conocimientos que has aprendido durante el libro.

El proyecto consiste en realizar un sistema completo cliente-servidor de gestión de contactos y que estará compuesto por los siguientes elementos:

- **Base de datos**: almacenará toda la información de los contactos, sus datos personales, teléfonos y direcciones.
- **Servidor**: contendrá toda la lógica de funcionamiento para la gestión de los contactos de la base de datos y procesará todas las operaciones enviadas desde el cliente.
- **Cliente**: es la parte visible del sistema, la aplicación que será utilizada para gestionar los contactos.

Veamos en detalle cada uno de los componentes.

## BASE DE DATOS

La base de datos estará compuesta por las siguientes tres entidades:

- Contacto: contendrá la información principal del contacto.
- Dirección: contendrá la información referente a las direcciones.
- Teléfono: contendrá la información referente a los teléfonos.

En la siguiente imagen puedes ver el diagrama entidad-relación que crearemos y sobre el que desarrollaremos el proyecto final:

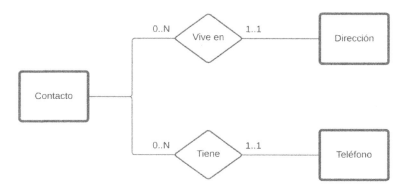

Tal y cómo puedes observar un contacto tendrá cero o N teléfonos y cero o N direcciones. Además, cada teléfono y cada dirección estará relacionada con una única persona.

La entidad contacto estará compuesta por los siguientes atributos:

- Id: identificador único del contacto.
- Nombre: almacenará el nombre del contacto.
- Apellidos: almacenará los apellidos del contacto.
- Fecha de nacimiento: almacenará la fecha de nacimiento del contacto. El atributo será opcional.

Veamos cómo queda la tabla tras crearla con *DB Browser for SQLite*:

La entidad dirección estará compuesta por los siguientes atributos:

- Id: identificador único de la dirección.
- ContactoId: identificador del contacto con el que se relaciona la dirección.
- Calle: almacenará la calle de la dirección.
- Piso: almacenará el piso de la dirección.
- Ciudad: almacenará la ciudad de la dirección.
- Código postal: almacenará el código postal de la dirección. El atributo será opcional.

Veamos cómo queda la tabla tras crearla con *DB Browser for SQLite*:

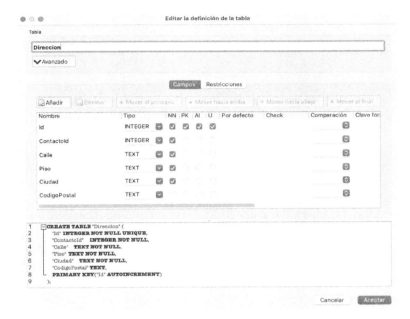

La entidad teléfono estará compuesta por los siguientes atributos:

- Id: identificador único del teléfono.
- ContactoId: identificador del contacto con el que se relaciona el teléfono.
- Número de teléfono: almacenará el número de teléfono.
- Descripción: almacenará una descripción del teléfono. El atributo será opcional.

Veamos cómo queda la tabla tras crearla con *DB Browser for SQLite*:

# SERVIDOR

En este apartado vamos a explicarte en detalle todos los elementos que compondrán el servidor del proyecto.

La siguiente imagen muestra un pequeño diagrama de los componentes y cómo se relacionan entre ellos:

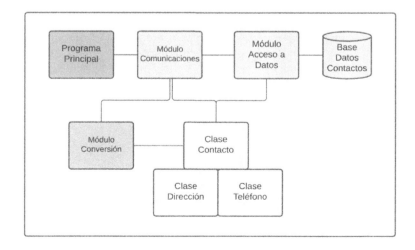

Del diagrama se interpreta lo siguiente:

- Existirá un módulo que se encargará del acceso a base de datos.
- Existirá un módulo que se encargará de todo lo relacionado con las comunicaciones.
- Los datos almacenados en la base de datos se relacionarán con las clases Contacto, Dirección y Teléfono.
- Las clases Contacto, Dirección y Teléfono serán utilizadas por los módulos de Comunicaciones, Acceso a datos y Conversión.
- La clase Contacto estará compuesta por Dirección y Teléfono.
- Existirá un módulo que realiza conversiones para poder enviar y recibir la información de los contactos.

Veamos en detalle cada uno de los componentes.

## CLASE TELÉFONO

La clase Teléfono es la que almacenará la información de la entidad Teléfono de la base de datos. Estará compuesta por los siguientes atributos:

- Id: almacena el identificador del teléfono.
- NumeroTelefono: almacena el número de teléfono.
- Descripcion: almacena una descripción del número de teléfono.

La clase Teléfono estará compuesta por los siguientes métodos:

- GetId: devuelve el identificador del teléfono.
- GetNumeroTelefono: devuelve el número de teléfono.
- GetDescripcion: devuelve la descripción del número de teléfono.
- SetNumeroTelefono: modifica el valor del número de teléfono.
- SetDescripcion: modifica la descripción del número de teléfono.

El código fuente de la clase es el siguiente:

```
class Telefono:
    def __init__(self,idtelefono,numerotelefono,descripcion):
        self.__Id = idtelefono
        self.__NumeroTelefono = numerotelefono
        self.__Descripcion = descripcion
    def GetId(self):
```

```
    return self.__Id
def GetNumeroTelefono(self):
    return self.__NumeroTelefono
def GetDescripcion(self):
    return self.__Descripcion
def SetNumeroTelefono(self, telefono):
    self.__NumeroTelefono = telefono
def SetDescripcion(self, descripcion):
    self.__Descripcion = descripción
```

## CLASE DIRECCIÓN

La clase Dirección es la que almacenará la información de la entidad Dirección de la base de datos. Estará compuesta por los siguientes atributos:

- Id: almacena el identificador de la dirección.
- Calle: almacena la calle de la dirección.
- Piso: almacena el piso de la dirección.
- Ciudad: almacena la ciudad de la dirección.
- CodigoPostal: almacena el código postal de la dirección.

La clase Dirección estará compuesta por los siguientes métodos:

- GetId: devuelve el identificador de la dirección.
- GetCalle: devuelve la calle de la dirección.
- GetPiso: devuelve el piso de la dirección.
- GetCiudad: devuelve la ciudad de la dirección.
- GetCodigoPostal: devuelve el código postal de la dirección.
- SetCalle: modifica la calle de la dirección.
- SetPiso: modifica el piso de la dirección.
- SetCiudad: modifica la ciudad de la dirección.
- SetCodigoPostal: modifica el código postal de la dirección.

El código fuente de la clase es el siguiente:

```
class Direccion:
    def __init__(self,iddireccion,calle,piso,ciudad,codigopostal):
        self.__Id = iddireccion
        self.__Calle = calle
        self.__Piso = piso
        self.__Ciudad = ciudad
        self.__CodigoPostal = codigopostal
```

```
def GetId(self):
    return self.__Id
def GetCalle(self):
    return self.__Calle
def GetPiso(self):
    return self.__Piso
def GetCiudad(self):
    return self.__Ciudad
def GetCodigoPostal(self):
    return self.__CodigoPostal
def SetCalle(self, calle):
    self.__Calle = calle
def SetPiso(self, piso):
    self.__Piso = piso
def SetCiudad(self, ciudad):
    self.__Ciudad = ciudad
def SetCodigoPostal(self, codigopostal):
    self.__CodigoPostal = codigopostal
```

## CLASE CONTACTO

La clase Contacto es la que almacenará la información de la entidad Contacto de la base de datos. Estará compuesta por los siguientes atributos:

- Id: almacena el identificador del contacto.
- Nombre: almacena el nombre del contacto.
- Apellidos: almacena los apellidos del contacto.
- FechaNacimiento: almacena la fecha de nacimiento del contacto.
- ListaTelefonos: almacena la lista de teléfonos del contacto.
- ListaDirecciones: almacena la lista de direcciones del contacto.

La clase Contacto estará compuesta por los siguientes métodos:

- GetId: devuelve el identificador del contacto.
- GetNombre: devuelve el nombre del contacto.
- GetApellidos: devuelve los apellidos del contacto.
- GetFechaNacimiento: devuelve la fecha de nacimiento del contacto.
- GetListaTelefonos: devuelve la lista de teléfonos del contacto.
- GetListaDirecciones: devuelve la lista de direcciones del contacto.
- SetNombre: modifica el nombre del contacto.
- SetApellidos: modifica los apellidos del contacto.

- SetFechaNacimiento: modifica la fecha de nacimiento del contacto.
- SetListaTelefonos: modifica la lista de teléfonos del contacto.
- SetListaDirecciones: modifica la lista de direcciones del contacto.

El código fuente de la clase es el siguiente:

```
import Telefono
import Direccion

class Contacto:
    def __init__(self, idcontacto, nombre, apellidos, fechanacimiento):
        self.__Id = idcontacto
        self.__Nombre = nombre
        self.__Apellidos = apellidos
        self.__FechaNacimiento = fechanacimiento
        self.__ListaTelefonos = []
        self.__ListaDirecciones = []
    def GetId(self):
        return self.__Id
    def GetNombre(self):
        return self.__Nombre
    def GetApellidos(self):
        return self.__Apellidos
    def GetFechaNacimiento(self):
        return self.__FechaNacimiento
    def GetListaTelefonos(self):
        return self.__ListaTelefonos
    def GetListaDirecciones(self):
        return self.__ListaDirecciones
    def SetNombre(self, nombre):
        self.__Nombre = nombre
    def SetApellidos(self, apellidos):
        self.__Apellidos = apellidos
    def SetFechaNacimiento(self, fechanacimiento):
        self.__FechaNacimiento = fechanacimiento
    def SetListaTelefonos(self, listatelefonos):
        self.__ListaTelefonos = listatelefonos
    def SetListaDirecciones(self, listadirecciones):
        self.__ListaDirecciones = listadirecciones
```

## MÓDULO DE ACCESO A DATOS

El módulo de acceso a datos es el encargado de realizar todas las operaciones relacionadas con la base de datos. Básicamente, el módulo será una clase que tendrá métodos que realizarán las operaciones requeridas por el cliente en la base de datos.

La clase BaseDatos tiene los siguientes atributos:

- Ruta: almacenará dónde se encuentra el archivo en el ordenador para poder conectarse a la base de datos.

La clase BaseDatos tiene los siguientes métodos:

- LeerContactos: devuelve todos los contactos almacenados en base de datos.
- LeerTelefonos: método privado que lee todos los teléfonos asociados con un contacto. El método será utilizado por todos los métodos de lectura de contactos.
- LeerDirecciones: método privado que lee todas las direcciones asociadas con un contacto. El método será utilizado por todos los métodos de lectura de contactos.
- LeerContactosNombre: devuelve todos los contactos almacenados en base de datos cuyo nombre es igual que el parámetro que recibe.
- LeerContactosTelefono: devuelve todos los contactos almacenados en base de datos que tengan al menos un teléfono igual que el parámetro que recibe.
- InsertarContacto: inserta el contacto que recibe por parámetros en la base de datos como un nuevo contacto.
- BorrarContactoId: borra un contacto existente en base de datos cuyo identificador sea igual al que recibe como parámetro.

El código fuente de la clase es el siguiente:

```python
import Contacto
import Telefono
import Direccion
import sqlite3

class BaseDatos:
    def __init__(self):
        self.__ruta = 'Contactos.db'
    def LeerContactos(self):
        try:
            database = sqlite3.connect(self.__ruta)
            cursor = database.cursor()

            cursor.execute("SELECT * FROM Contacto")

            contactos = []

            for registro in cursor:
                contacto = Contacto.Contacto(registro[0],registro[1],registro[2],registro[3])
```

```python
            contacto.SetListaTelefonos(self.__LeerTelefonos(database,contacto.GetId()))
            contacto.SetListaDirecciones(self.__LeerDirecciones(database,contacto.GetId()))
            contactos.append(contacto)

        database.close()
        return contactos
    except:
        print("ERROR: No se pueden leer los contactos")
        return []

def __LeerTelefonos(self, database, idcontacto):
    try:
        cursortelefono = database.cursor()
        cursortelefono.execute("SELECT    Id,NumeroTelefono,Descripcion    FROM    Telefono
WHERE ContactoId = " + str(idcontacto))

        telefonos = []

        for registro in cursortelefono:
            telefonos.append(Telefono.Telefono(registro[0],registro[1],registro[2]))
        return telefonos
    except:
        print("ERROR: No se pueden leer los teléfonos")
        return []

def __LeerDirecciones(self, database, idcontacto):
    try:
        cursordireccion = database.cursor()
        cursordireccion.execute("SELECT    Id,Calle,Piso,Ciudad,CodigoPostal FROM    Direccion
WHERE ContactoId = " + str(idcontacto))

        direcciones = []

        for registro in cursordireccion:

direcciones.append(Direccion.Direccion(registro[0],registro[1],registro[2],registro[3],registro[4]))
        return direcciones
    except:
        print("ERROR: No se pueden leer las direcciones")
        return []

def LeerContactosNombre(self, nombre):
    try:
        database = sqlite3.connect(self.__ruta)
        cursor = database.cursor()

        cursor.execute("SELECT * FROM Contacto WHERE nombre = '" + nombre + "'")

        contactos = []

        for registro in cursor:
            contacto = Contacto.Contacto(registro[0],registro[1],registro[2],registro[3])
            contacto.SetListaTelefonos(self.__LeerTelefonos(database,contacto.GetId()))
            contacto.SetListaDirecciones(self.__LeerDirecciones(database,contacto.GetId()))
            contactos.append(contacto)

        database.close()
        return contactos
```

```python
        except:
            print("ERROR: No se pueden leer contactos por nombre")
            return []

    def LeerContactosTelefono(self, telefono):
        try:
            database = sqlite3.connect(self.__ruta)
            cursor = database.cursor()

            cursor.execute("SELECT DISTINCT * FROM Telefono WHERE NumeroTelefono = '" +
telefono + "'")

            contactos = []

            for registro in cursor:
                cursorcontacto = database.cursor()
                cursorcontacto.execute("SELECT * FROM Contacto WHERE Id = " + str(registro[1]))

                for registrocontacto in cursorcontacto:
                    contacto                                                                    =
Contacto.Contacto(registrocontacto[0],registrocontacto[1],registrocontacto[2],registrocontacto[3])
                    contacto.SetListaTelefonos(self.__LeerTelefonos(database,contacto.GetId()))
                    contacto.SetListaDirecciones(self.__LeerDirecciones(database,contacto.GetId()))
                    contactos.append(contacto)

            database.close()
            return contactos
        except:
            print("ERROR: No se pueden leer contactos por teléfono")
            return []

    def InsertarContacto(self, contacto):
        try:
            database = sqlite3.connect(self.__ruta)
            cursor = database.cursor()

            infocontacto                                                                        =
(contacto.GetNombre(),contacto.GetApellidos(),contacto.GetFechaNacimiento())
            cursor.execute("INSERT       INTO      Contacto     (Nombre,Apellidos,FechaNacimiento)
VALUES(?,?,?)", infocontacto)

            contactoid = cursor.lastrowid

            for telefono in contacto.GetListaTelefonos():
                infotelefono = (contactoid,telefono.GetNumeroTelefono(),telefono.GetDescripcion())
                cursor.execute("INSERT    INTO    Telefono    (ContactoId,NumeroTelefono,Descripcion)
VALUES(?,?,?)", infotelefono)

            for direccion in contacto.GetListaDirecciones():
                infodireccion                                                                   =
(contactoid,direccion.GetCalle(),direccion.GetPiso(),direccion.GetCiudad(),direccion.GetCodigoP
ostal())
                cursor.execute("INSERT INTO Direccion (ContactoId,Calle,Piso,Ciudad,CodigoPostal)
VALUES(?,?,?,?,?)", infodireccion)

            database.commit()
            return True
        except:
```

```
        print("ERROR: No se puede insertar el contacto")
        return False

    def BorrarContactoId(self, idcontacto):
        try:
            database = sqlite3.connect(self.__ruta)
            cursor = database.cursor()

            cursor.execute("DELETE FROM Telefono WHERE ContactoId = " + str(idcontacto))
            cursor.execute("DELETE FROM Direccion WHERE ContactoId = " + str(idcontacto))
            cursor.execute("DELETE FROM Contacto WHERE Id = " + str(idcontacto))

            database.commit()
            return True
        except:
            print("ERROR: No se puede borrar el contacto")
            return False
```

---

## MÓDULO DE CONVERSIÓN

El módulo de conversión se encarga de realizar la conversión de los objetos
de tipo contacto en cadena de texto para poder ser enviados a través del
socket y transformar las cadenas de texto recibidas por el mismo en objetos
de tipo contacto.

Está compuesto por las siguientes funciones:

- StringAContacto: función que convierte una cadena de texto en
  un objeto de tipo contacto.
- ContactosAString: función que convierte objetos de tipo contacto
  en cadena de texto.

El código fuente del módulo es el siguiente:

```
import Contacto
import Telefono
import Direccion

def StringAContacto(cadena):
    try:
        print(cadena)
        # Obtención de los datos del contacto y creación del objeto con los valores
        datoscontacto = cadena.split("#")[0].split("|")
        contacto = Contacto.Contacto(0,datoscontacto[0],datoscontacto[1],datoscontacto[2])

        # Obtención de los teléfonos y borrado del primer elemento
        # ya que sería vacío al empezar la cadena por #
        datostelefono = cadena.split("#")[1].split("-")
        del datostelefono[0:1]
```

```python
    if len(datostelefono)>0:
        telefonos = []
        # Procesamiento de todos los teléfonos y almacenamiento en una lista
        for item in datostelefono:
            telefono = Telefono.Telefono(0,item.split("|")[0],item.split("|")[1])
            telefonos.append(telefono)
        # Añade los teléfonos al contacto
        contacto.SetListaTelefonos(telefonos)

        # Obtención de las direcciónes y borrado del primer elemento
        # ya que sería vacío al empezar la cadena por #
        datosdirecciones = cadena.split("#")[2].split("-")
        del datosdirecciones[0:1]

        if len(datosdirecciones)>0:
            direcciones = []
            # Procesamiento de todas las direcciones y almacenamiento en una lista
            for item in datosdirecciones:
                direccion =
Direccion.Direccion(0,item.split("|")[0],item.split("|")[1],item.split("|")[2],item.split("|")[3])
                direcciones.append(direccion)
            # Añade las direcciones a la lista
            contacto.SetListaDirecciones(direcciones)
        return contacto
    except:
        print("ERROR: No puede convertirse la cadena a tipo contacto")
        return None

def ContactosAString(contactos):
    try:
        cadena = ""
        # Cada contacto será insertado en la cadena uno a uno
        for contacto in contactos:
            # Datos del contacto
            cadena += "*"
            cadena += contacto.GetNombre()
            cadena += "|"
            cadena += contacto.GetApellidos()
            cadena += "|"
            cadena += contacto.GetFechaNacimiento()
            # Datos de sus teléfonos
            cadena += "#"
            listatelefonos = contacto.GetListaTelefonos()
            if type(listatelefonos) != type(None):
                for telefono in listatelefonos:
                    cadena += "-"
                    cadena += str(telefono.GetNumeroTelefono())
                    cadena += "|"
                    cadena += str(telefono.GetDescripcion())
            # Datos de sus direcciones
            cadena += "#"
            listadirecciones = contacto.GetListaDirecciones()
            if type(listadirecciones) != type(None):
                for direccion in listadirecciones:
                    cadena += "-"
                    cadena += str(direccion.GetCalle())
                    cadena += "|"
                    cadena += str(direccion.GetPiso())
```

```
        cadena += "|"
        cadena += str(direccion.GetCiudad())
        cadena += "|"
        cadena += str(direccion.GetCodigoPostal())
    return cadena
except:
    print("ERROR: No puede convertirse el tipo contacto a cadena de texto")
    return None
```

## MÓDULO DE COMUNICACIONES

El módulo de comunicaciones contiene todas las funciones para gestionar las comunicaciones con cada cliente y para procesar las operaciones solicitadas por el mismo. El módulo utiliza el módulo de conversión para transformar lo que recibe del cliente en objetos de tipo contacto y viceversa.

Está compuesto por las siguientes funciones:

- HiloCliente: función principal del módulo que se encarga de la gestión del socket de comunicación con el cliente. La función es invocada desde el programa principal con un hilo cada vez que se recibe un cliente.

- ProcesarMensaje: función encargada de derivar la operación solicitada por el cliente a la función correspondiente.

- CrearContacto: función que se encarga de gestionar la operación de crear un nuevo contacto.

- BuscarTodosLosContactos: función que se encarga de gestionar la operación de lectura de todos los contactos.

- BuscarContactoNombre: función que se encarga de gestionar la operación de lectura de contactos a partir del nombre.

- BuscarContactoTelefono: función que se encarga de gestionar la operación de lectura de contactos a partir del teléfono.

- BorrarContactoNombre: función que se encarga de gestionar la operación de borrar contactos a partir del nombre.

- BorrarContactoTelefono: función que se encarga de gestionar la operación de borrar contactos a partir del teléfono.

El código fuente del módulo es el siguiente:

132

```python
import socket
import BaseDatos
import Contacto
import Telefono
import Direccion
import Conversion

def HiloCliente(conexion,direccion):
    fin = False
    while not fin:
        try:
            recibido = conexion.recv(1024)
            recibido = recibido.decode('utf-8')

            print("Comando recibido: ",recibido)

            if recibido == "5":
                fin = True

            mensaje = str(ProcesarMensaje(recibido))
            conexion.send(str.encode(mensaje))
        except:
            print("ERROR: Hilo cliente")
            fin = True
    conexion.close()

def ProcesarMensaje(mensaje):
    try:
        listamensaje = mensaje.split('&')
        # Buscar contacto por nombre
        if listamensaje[0] == "1" and listamensaje[1] == "1":
            return BuscarContactoNombre(listamensaje[2])
        # Buscar contacto por teléfono
        if listamensaje[0] == "1" and listamensaje[1] == "2":
            return BuscarContactoTelefono(listamensaje[2])
        if listamensaje[0] == "2":
            return CrearContacto(listamensaje[1])
        if listamensaje[0] == "3" and listamensaje[1] == "1":
            return BorrarContactoNombre(listamensaje[2])
        if listamensaje[0] == "3" and listamensaje[1] == "2":
            return BorrarContactoTelefono(listamensaje[2])
        if listamensaje[0] == "4":
            return BuscarTodosLosContactos()
    except:
        print("ERROR: Procesando el mensaje recibido")
        return ""

def CrearContacto(contactostring):
    contacto = Conversion.StringAContacto(contactostring.lstrip("*"))
    basedatos = BaseDatos.BaseDatos()
    if basedatos.InsertarContacto(contacto) == True:
        return "1"
    else:
        return "0"

def BuscarTodosLosContactos():
    basedatos = BaseDatos.BaseDatos()
    datos = basedatos.LeerContactos()
```

```
if len(datos)>0:
    return Conversion.ContactosAString(datos)
else:
    return "0"

def BuscarContactoNombre(nombre):
    basedatos = BaseDatos.BaseDatos()
    datos = basedatos.LeerContactosNombre(nombre)
    if len(datos)>0:
        return Conversion.ContactosAString(datos)
    else:
        return "0"

def BuscarContactoTelefono(telefono):
    basedatos = BaseDatos.BaseDatos()
    datos = basedatos.LeerContactosTelefono(telefono)
    if len(datos)>0:
        return Conversion.ContactosAString(datos)
    else:
        return "0"

def BorrarContactoNombre(nombre):
    basedatos = BaseDatos.BaseDatos()
    datos = basedatos.LeerContactosNombre(nombre)
    respuesta = "1"
    for contacto in datos:
        if basedatos.BorrarContactoId(contacto.GetId()) == False:
            respuesta = "0"
    return respuesta

def BorrarContactoTelefono(telefono):
    basedatos = BaseDatos.BaseDatos()
    datos = basedatos.LeerContactosTelefono(telefono)
    respuesta = "1"
    for contacto in datos:
        if basedatos.BorrarContactoId(contacto.GetId()) == False:
            respuesta = "0"
    return respuesta
```

## PROGRAMA PRINCIPAL

El programa principal lo único que va a hacer es abrir un socket para que los clientes puedan conectarse y cada vez que reciba la conexión de un cliente creará un hilo que es el que se encargará de la gestión de las comunicaciones con dicho cliente.

El código fuente del programa principal es el siguiente:

```
import socket
import threading
import Comunicacion

SocketServidor = socket.socket()
```

```
host = '127.0.0.1'
puerto = 30000
SocketServidor.bind((host, puerto))

SocketServidor.listen()

print('¡Servidor arrancado!')

while True:
    cliente, direccion = SocketServidor.accept()
    print('Nuevo cliente conectado: ' + direccion[0] + ':' + str(direccion[1]))
    hilo = threading.Thread(target=Comunicacion.HiloCliente,args=(cliente,direccion[0] + ':' +
str(direccion[1]),))
    hilo.start()
SocketServidor.close()
```

## CLIENTE

En este apartado vamos a explicarte en detalle todos los elementos que compondrán el cliente del proyecto.

La siguiente imagen muestra un pequeño diagrama de los componentes y cómo se relacionan entre ellos:

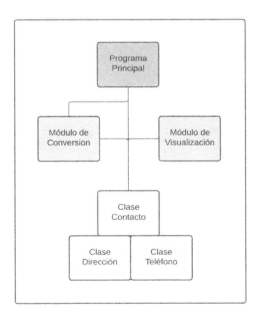

Del diagrama se interpreta lo siguiente:

135

- Existirá un módulo que se encargará de los mensajes que se muestran al usuario.
- El cliente utilizará las clases Contacto, Dirección y Teléfono.
- Existirá un módulo que realiza conversiones para poder enviar y recibir la información de los contactos.
- El programa principal se encargará del control del flujo y de las comunicaciones.

Veamos en detalle cada uno de los componentes.

## CLASE TELÉFONO

La clase Telefono que usaremos en el cliente es la misma que la del servidor, pero cambiando el constructor para que no reciba ningún parámetro. El código fuente es el siguiente:

```
class Telefono:
    def __init__(self):
        self.__Id = ""
        self.__NumeroTelefono = ""
        self.__Descripcion = ""
    def GetId(self):
        return self.__Id
    def GetNumeroTelefono(self):
        return self.__NumeroTelefono
    def GetDescripcion(self):
        return self.__Descripcion
    def SetNumeroTelefono(self, telefono):
        self.__NumeroTelefono = telefono
    def SetDescripcion(self, descripcion):
        self.__Descripcion = descripcion
```

## CLASE DIRECCIÓN

La clase Dirección que usaremos en el cliente es la misma que la del servidor, pero cambiando el constructor para que no reciba ningún parámetro. El código fuente es el siguiente:

```
class Direccion:
    def __init__(self):
        self.__Id = ""
        self.__Calle = ""
        self.__Piso = ""
        self.__Ciudad = ""
        self.__CodigoPostal = ""
    def GetId(self):
```

```python
        return self.__Id
    def GetCalle(self):
        return self.__Calle
    def GetPiso(self):
        return self.__Piso
    def GetCiudad(self):
        return self.__Ciudad
    def GetCodigoPostal(self):
        return self.__CodigoPostal
    def SetCalle(self, calle):
        self.__Calle = calle
    def SetPiso(self, piso):
        self.__Piso = piso
    def SetCiudad(self, ciudad):
        self.__Ciudad = ciudad
    def SetCodigoPostal(self, codigopostal):
        self.__CodigoPostal = codigopostal
```

## CLASE CONTACTO

La clase Contacto que usaremos en el cliente es la misma que la del servidor, pero cambiando el constructor para que no reciba ningún parámetro. El código fuente es el siguiente:

```python
import Telefono
import Direccion

class Contacto:
    def __init__(self):
        self.__Id = ""
        self.__Nombre = ""
        self.__Apellidos = ""
        self.__FechaNacimiento = ""
        self.__ListaTelefonos = []
        self.__ListaDirecciones = []
    def GetId(self):
        return self.__Id
    def GetNombre(self):
        return self.__Nombre
    def GetApellidos(self):
        return self.__Apellidos
    def GetFechaNacimiento(self):
        return self.__FechaNacimiento
    def GetListaTelefonos(self):
        return self.__ListaTelefonos
    def GetListaDirecciones(self):
        return self.__ListaDirecciones
    def SetNombre(self, nombre):
        self.__Nombre = nombre
    def SetApellidos(self, apellidos):
        self.__Apellidos = apellidos
    def SetFechaNacimiento(self, fechanacimiento):
        self.__FechaNacimiento = fechanacimiento
    def SetListaTelefonos(self, listatelefonos):
```

```
        self.__ListaTelefonos = listatelefonos
    def SetListaDirecciones(self, listadirecciones):
        self.__ListaDirecciones = listadirecciones
```

## MÓDULO DE VISUALIZACIÓN

El módulo de visualización se encarga de mostrar todos los mensajes por pantalla. El módulo está compuesto por las siguientes funciones:

- MostrarMenu: función que muestra el menú principal de la aplicación.
- MostrarMenuBuscar: función que muestra el submenú de búsqueda de contactos.
- MostrarMenuBorrar: función que muestra el submenú de borrado de contactos.
- ObtenerOpcion: función que se encarga de solicitar la opción del menú al usuario.
- MostrarContactos: función que muestra la información de los contactos por pantalla.
- ProcesoCrearContacto:función que se encarga de solicitar toda la información necesaria para crear un contacto.

El código fuente es el siguiente:

```
import Contacto
import Telefono
import Direccion
import Conversion

def MostrarMenu():
    print ("""Menu
1) Ver contacto
2) Crear contacto nuevo
3) Borrar contacto
4) Mostrar todos los contactos
5) Salir""")

def MostrarMenuBuscar():
    print ("""Buscar contactos:
1) Nombre
2) Telefono
3) Volver""")

def MostrarMenuBorrar():
    print ("""Borrar contactos por:
1) Nombre
```

```python
2) Telefono
3) Volver""")

def ObtenerOpcion(texto):
    leido = False
    while not leido:
        try:
            numero = int(input(texto))
        except ValueError:
            print("Error: Tienes que introducir un numero.")
        else:
            leido = True
    return numero

def MostrarContactos(contactos):
    try:
        print("##### CONTACTOS #####")

        # Obtención de los diferentes contactos y borrado del primer elemento
        # ya que sería vacío al empezar la cadena por *
        cadena = contactos.split("*")
        del cadena[0:1]

        for contacto in cadena:
            print("-- Contacto --")
            # Datos del contacto
            datoscontacto = contacto.split("#")[0].split("|")
            print("Nombre: ",datoscontacto[0])
            print("Apellidos: ",datoscontacto[1])
            print("Fecha de Nacimiento: ",datoscontacto[2])

            # Obtención de los teléfonos y borrado del primer elemento
            # ya que sería vacío al empezar la cadena por #
            datostelefono = contacto.split("#")[1].split("-")
            del datostelefono[0:1]

            if len(datostelefono)>0:
                for telefono in datostelefono:
                    print("Telefono: ", telefono.split("|")[0], "(",telefono.split("|")[1],")")

            # Obtención de las direcciónes y borrado del primer elemento
            # ya que sería vacío al empezar la cadena por #
            datosdirecciones = contacto.split("#")[2].split("-")
            del datosdirecciones[0:1]

            if len(datosdirecciones)>0:
                for direccion in datosdirecciones:
                    print("Dirección:                                                               ",
direccion.split("|")[0],direccion.split("|")[1],",",direccion.split("|")[2],",",direccion.split("|")[3])

        print("####################")
    except:
        print("ERROR: No se pueden mostrar los contactos")

def ProcesoCrearContacto():
    try:
        print("##### NUEVO CONTACTO #####")
```

```
nuevocontacto = Contacto.Contacto()
nuevocontacto.SetNombre(input((">Introduce el nombre del contacto: ")))
nuevocontacto.SetApellidos(input((">Introduce los apellidos del contacto: ")))
nuevocontacto.setFechaNacimiento(input((">Introduce la fecha de nacimiento del contacto:
")))

telefonos = []
fin = ""
while fin != "No":
    fin = input(">¿Quieres añadir un teléfono? Si / No:")
    if fin == "Si":
        nuevotelefono = Telefono.Telefono()
        nuevotelefono.SetNumeroTelefono(input((">Introduce el telefono del contacto: ")))
        nuevotelefono.SetDescripcion(input((">Introduce la descripción del telefono: ")))

        telefonos.append(nuevotelefono)
nuevocontacto.SetListaTelefonos(telefonos)

direcciones = []
fin = ""
while fin != "No":
    fin = input(">¿Quieres añadir una direccion? Si / No:")
    if fin == "Si":
        nuevadireccion = Direccion.Direccion()
        nuevadireccion.SetCalle(input((">Introduce la calle de la direccion del contacto: ")))
        nuevadireccion.SetPiso(input((">Introduce el piso de la direccion del contacto: ")))
        nuevadireccion.SetCiudad(input((">Introduce la ciudad del contacto: ")))
        nuevadireccion.SetCodigoPostal(input((">Introduce el codigo postal del contacto: ")))
        direcciones.append(nuevadireccion)
nuevocontacto.SetListaDirecciones(direcciones)

return Conversion.ContactoAString(nuevocontacto)
except:
    print("ERROR: Proceso de crear un contacto")
    return None
```

---

## MÓDULO DE CONVERSIÓN

El módulo de conversión se encarga de realizar la conversión de los objetos de tipo contacto en cadena de texto para poder ser enviados a través del socket.

Está compuesto por la siguiente función:

- ContactoAString: función que convierte un objeto de tipo contacto en cadena de texto.

El código fuente del módulo es el siguiente:

```
import Contacto
import Telefono
```

```
import Direccion

def ContactoAString(contacto):
    try:
        cadena = ""
        # Inserta en la cadena los datos del contacto
        cadena += "*"
        cadena += contacto.GetNombre()
        cadena += "|"
        cadena += contacto.GetApellidos()
        cadena += "|"
        cadena += contacto.GetFechaNacimiento()
        # Inserta en la cadena los datos de los teléfonos
        cadena += "#"
        listatelefonos = contacto.GetListaTelefonos()
        if type(listatelefonos) != type(None):
            for telefono in listatelefonos:
                cadena += "-"
                cadena += str(telefono.GetNumeroTelefono())
                cadena += "|"
                cadena += str(telefono.GetDescripcion())
        # Inserta en la cadena los datos de las direcciones
        cadena += "#"
        listadirecciones = contacto.GetListaDirecciones()
        if type(listadirecciones) != type(None):
            for direccion in listadirecciones:
                cadena += "-"
                cadena += str(direccion.GetCalle())
                cadena += "|"
                cadena += str(direccion.GetPiso())
                cadena += "|"
                cadena += str(direccion.GetCiudad())
                cadena += "|"
                cadena += str(direccion.GetCodigoPostal())
        return cadena
    except:
        print("ERROR: Convirtiendo el contacto a cadena")
        return None
```

## PROGRAMA PRINCIPAL

El programa principal del cliente se encarga de la apertura del socket, del envío y recepción de la información por el mismo y de controlar el flujo del programa según la opción que se selecciona.

El código fuente es el siguiente:

```
import socket
import Contacto
import Telefono
import Direccion
import Visualizacion
```

```python
SocketCliente = socket.socket()
host = '127.0.0.1'
puerto = 30000
SocketCliente.connect((host, puerto))
print('¡Conectado al servidor!')

while True:
    Visualizacion.MostrarMenu()
    opcion = Visualizacion.ObtenerOpcion('Opcion: ')
    # Buscar contactos (Visualizar)
    if opcion == 1:
        Visualizacion.MostrarMenuBuscar()
        finbuscar = False
        while not finbuscar:
            opcionbuscar = Visualizacion.ObtenerOpcion('Opcion: ')
            if opcionbuscar == 1:
                parametro = input("Introduzca el nombre: ")
                finbuscar = True
            elif opcionbuscar == 2:
                finbuscar = True
                parametro = input("Introduzca el teléfono: ")
            elif opcionbuscar == 3:
                finbuscar = True
        if opcionbuscar != 3:
            try:
                mensaje = str(opcion) + "&" + str(opcionbuscar) + "&" + parametro
                SocketCliente.send(str.encode(mensaje))
                recibido = SocketCliente.recv(4096)
                recibido = recibido.decode('utf-8')
                print(recibido)
                Visualizacion.MostrarContactos(recibido)
            except:
                print("ERROR: Búsqueda de contactos")
    # Crear contacto nuevo
    elif opcion == 2:
        try:
            nuevocontacto = Visualizacion.ProcesoCrearContacto()
            SocketCliente.send(str.encode(str(opcion) + "&" + nuevocontacto))
            recibido = SocketCliente.recv(4096)
            recibido = recibido.decode('utf-8')
            if recibido == "1":
                print("# Contacto insertado")
            else:
                print("ERROR: No se puede insertar el contacto")
        except:
            print("ERROR: Creando un contacto")
    # Borrar contactos
    elif opcion == 3:
        Visualizacion.MostrarMenuBorrar()
        finbuscar = False
        while not finbuscar:
            opcionbuscar = Visualizacion.ObtenerOpcion('Opcion: ')
            if opcionbuscar == 1:
                parametro = input("Introduzca el nombre: ")
                finbuscar = True
            elif opcionbuscar == 2:
                finbuscar = True
                parametro = input("Introduzca el teléfono: ")
```

```
        elif opcionbuscar == 3:
            finbuscar = True
    if opcionbuscar != 3:
        try:
            mensaje = str(opcion) + "&" + str(opcionbuscar) + "&" + parametro
            SocketCliente.send(str.encode(mensaje))
            recibido = SocketCliente.recv(4096)
            recibido = recibido.decode('utf-8')
            if recibido == "1":
                print("# Contactos borrados")
            else:
                print("ERROR: Se produjeron errores durante el borrado")
        except:
            print("ERROR: Borrando contactos")
    # Mostrar todos los contactos
    elif opcion == 4:
        try:
            SocketCliente.send(str.encode(str(opcion)))
            recibido = SocketCliente.recv(4096)
            recibido = recibido.decode('utf-8')
            Visualizacion.MostrarContactos(recibido)
        except:
            print("ERROR: Mostrando todos los contactos")
    # Salir
    elif opcion == 5:
        SocketCliente.send(str.encode(str(opcion)))
        print("Cerrando cliente...")
        break

SocketCliente.close()
```

## EJECUCIÓN

Una vez tienes creada la base de datos y escrito todo el código fuente es el momento de ejecutar el proyecto final. Para ello sólo tienes que arrancar primero el servidor y posteriormente el cliente, presta atención a que la ruta de la base de datos es correcta y la configuración de puertos también.

A continuación, puedes ver una captura de la ejecución de la creación del contacto.

```
Cliente — Python ProgramaPrincipal.py — 96×34
Alfre:Cliente alfre$ python3 ProgramaPrincipal.py
¡Conectado al servidor!
Menu
1) Ver contacto
2) Crear contacto nuevo
3) Borrar contacto
4) Mostrar todos los contactos
5) Salir
Opcion: 2
##### NUEVO CONTACTO #####
>Introduce el nombre del contacto: Albert
>Introduce los apellidos del contacto: Einstein
>Introduce la fecha de nacimiento del contacto: 14/03/1879
>¿Quieres añadir un teléfono? Si / No:Si
>Introduce el telefono del contacto: 666777888
>Introduce la descripción del telefono: Teléfono personal
>¿Quieres añadir un teléfono? Si / No:Si
>Introduce el telefono del contacto: 678905432
>Introduce la descripción del telefono: Teléfono del trabajo
>¿Quieres añadir un teléfono? Si / No:No
>¿Quieres añadir una direccion? Si / No:Si
>Introduce la calle de la direccion del contacto: Calle false
>Introduce el piso de la direccion del contacto: 123
>Introduce la ciudad del contacto: Ulm
>Introduce el codigo postal del contacto: 12345
>¿Quieres añadir una direccion? Si / No:No
# Contacto insertado
```

A continuación, puedes ver una captura de la opción mostrar todos los contactos:

```
Cliente — Python ProgramaPrincipal.py — 96×29
Menu
1) Ver contacto
2) Crear contacto nuevo
3) Borrar contacto
4) Mostrar todos los contactos
5) Salir
Opcion: 4
##### CONTACTOS #####
-- Contacto --
Nombre:  Albert
Apellidos:  Einstein
Fecha de Nacimiento:  14/03/1879
Telefono:  666777888 ( Teléfono personal )
Telefono:  678905432 ( Teléfono del trabajo )
Dirección:  Calle false 123 , Ulm , 12345
-- Contacto --
Nombre:  Isaac
Apellidos:  Newton
Fecha de Nacimiento:  04/01/1643
Telefono:  123456789 ( Teléfono de la oficina )
Dirección:  Calle Mayor 9 , Londres , 76543
####################
```

A continuación, puedes ver una captura de la opción ver contactos:

A continuación, puedes ver una captura de la opción borrado de contactos junto con mostrar todos los contactos, podrás comprobar que "*Albert Einstein*" ya no aparece como contacto:

El servidor mostrará la actividad de las peticiones realizadas por el cliente, a continuación, puedes ver una captura del flujo de peticiones de todas las capturas que te hemos mostrado en el apartado:

```
Nuevo cliente conectado: 127.0.0.1:49672
Comando recibido:  2&*Albert|Einstein|14/03/1879#-666777888|Teléfono personal-678905432|Teléfono del traba
Albert|Einstein|14/03/1879#-666777888|Teléfono personal-678905432|Teléfono del trabajo#-Calle false|123|U1
Comando recibido:  2&*Isaac|Newton|04/01/1643#-123456789|Teléfono de la oficina#-Calle Mayor|9|Londres|765
Isaac|Newton|04/01/1643#-123456789|Teléfono de la oficina#-Calle Mayor|9|Londres|76543
Comando recibido:  4
Comando recibido:  1&1&Isaac
Comando recibido:  5
```

## AMPLIANDO EL PROYECTO...

El proyecto que acabamos de desarrollar es un proyecto completo que permite gestionar contactos. Aquí te vamos a proponer una serie de modificaciones de este para que puedas seguir practicando y familiarizándote todavía más con la programación en Python. Esto es lo que te proponemos:

- Añadir la operación de modificar contactos existentes.
- Añadir un módulo nuevo al servidor que te permita almacenar en fichero de texto todas las operaciones que ejecuta el servidor. Aquí te proponemos dos soluciones: la primera es que puedes desarrollarlo por tu cuenta y la segunda es utilizar un módulo que provee Python para realizar logging: https://docs.python.org/3/library/logging.html
- Añadir test unitarios.
- Modificar las excepciones genéricas que controlan los errores por excepciones específicas.
- Añadir fechas de creación y modificación a los contactos.

¿Te atreves?

¡Enhorabuena! ¡Has llegado al final del libro! Para que seas consciente de todo lo que has aprendido en un fin de semana te hemos preparado un resumen con los hitos que has alcanzado:

- Utilización de métodos propios de las listas.
- Utilización de métodos propios de los diccionarios.
- Utilización de la recursividad en funciones.
- Utilización de pilas.
- Utilización de colas.
- Utilización del módulo *random*
- Utilización del módulo *math*
- Utilización del módulo *statistics*
- Utilización del módulo *datetime*
- Utilización del módulo *os*
- Utilización del módulo *shutil*
- Programación paralela utilizando procesos.
- Programación paralela utilizando hilos.
- Utilización de bases de datos.
- Aprendizaje de SQL básico para operaciones simples.
- Utilización de DB Browser for SQLite.
- Creación y utilización de módulos.
- Utilización de pruebas unitarias.
- Utilización de sockets.

Python provee un terminal interactivo que es capaz de ejecutar sentencias de Python. IDLE tiene el terminal integrado y siempre se abre cuando abres la aplicación. A continuación, te mostramos una captura de uso del terminal interactivo en IDLE:

```
●  ○  ●                    IDLE Shell 3.9.1
Python 3.9.1 (v3.9.1:1e5d33e9b9, Dec  7 2020, 12:10:52)
[Clang 6.0 (clang-600.0.57)] on darwin
Type "help", "copyright", "credits" or "license()" for more information.
>>> 5-2
3
>>> 7+9
63
>>> print("hola")
hola
>>>
```

También es posible abrir el terminal interactivo que provee Python desde el sistema operativo, sigue los siguientes pasos:
1. Abre la consola del sistema operativo.
2. Ejecuta el comando de apertura: *Python*. En caso de tener más de una versión de Python instalada tienes especificar la versión en el comando, por ejemplo, para abrir la versión 3 tienes que usar el comando: *Python3*.

A continuación, te mostramos un ejemplo de la consola interactiva de Python 3:

```
○  ●  ●              ▦ alfre — Python — 80×24
Alfre:~ alfre$ python3
Python 3.9.1 (v3.9.1:1e5d33e9b9, Dec  7 2020, 12:10:52)
[Clang 6.0 (clang-600.0.57)] on darwin
Type "help", "copyright", "credits" or "license" for more information.
>>>
```

Del mismo modo que con IDLE, el terminal de Python permite ejecutar sentencias de Python:

```
● ● ●                    📟 alfre — Python — 80×24
Alfre:- alfre$ python3
Python 3.9.1 (v3.9.1:1e5d33e9b9, Dec  7 2020, 12:10:52)
[Clang 6.0 (clang-600.0.57)] on darwin
Type "help", "copyright", "credits" or "license" for more information.
>>> 1-1
0
>>> 9*4
36
>>> print("Time of Software")
Time of Software
>>>
```

El terminal de Python no sólo permite ejecutar sentencias de Python, sino que también permite la ejecución de programas escritos en Python. La ejecución de programas desde el terminal se realiza de forma diferente a lo que hemos visto, se tiene que ejecutar el comando de apertura del terminal seguido de la ruta con el programa a ejecutar. Dentro del material descargable hemos incluido un fichero llamado "*pruebaterminal.py*" que muestra por pantalla un mensaje. Veamos cómo lo ejecutaríamos:

```
● ● ●                  📟 Ejercicios — -bash — 80×24
[Alfre:~ alfre$ cd Desktop/
[Alfre:Desktop alfre$ cd Ejercicios/
[Alfre:Ejercicios alfre$ python3 pruebaterminal.py
Hola Time of Software
[Alfre:Ejercicios alfre$
```

Cuando abras la consola del sistema operativo para ejecutar el fichero recuerda que tienes que ir a la carpeta donde tienes descargados los ejercicios. También puedes crearte un ejercicio si no quieres usar el que te hemos incluido.

# SOBRE LOS AUTORES Y AGRADECIMIENTOS

Este libro y todo lo que rodea a Time of Software es el resultado de muchos años dedicados a la docencia en el ámbito tecnológico. Primero con grupos de Educación Secundaria Obligatoria y Bachillerato y posteriormente mediante la docencia a formadores.

El trabajo de creación del método de aprendizaje, sintetización y ordenación de toda la información teórica relacionada con Python y la elaboración de las diferentes prácticas incluidas en el libro son responsabilidad de las personas que componen **Time of Software**, Alfredo Moreno y Sheila Córcoles, apasionados por el mundo tecnológico y por la docencia.

Queremos agradecer a nuestras familias, amigos y compañeros de trabajo el apoyo incondicional y las aportaciones que han realizado al método de aprendizaje de Python que hemos desarrollado, ¡gracias por ser nuestros conejillos de indias! Sin vosotros esto no hubiera sido posible.

Y por supuesto gracias a ti por adquirir "Python avanzado en un fin de semana". Esperamos que hayas conseguido el objetivo que te propusiste cuando compraste el libro. No tengas dudas en ponerte en contacto con nosotros para contarnos qué tal te ha ido y cómo te va, **¡NO ESTÁS SOLO!**

El código fuente de todos los ejercicios realizados en el libro puedes descargarlo de la siguiente URL:

http://timeofsoftware.com/python-avanzado-ejercicios/

Si te ha gustado el libro y quieres seguir aprendiendo con el mismo formato, puedes encontrar en Amazon otros libros escritos por nosotros:

Printed in Great Britain
by Amazon